De Drakendokter

Vooruit, Skywender!

Ingrid Bilardie

Colofon

Auteurs:

Ingrid & Killian Bilardie

Redacteur:

Bianca Nederlof

Illustraties:

Lars Reen

Uitgegeven door:

Graviant educatieve uitgaven, Doetinchem

© augustus 2015.

ISBN 978-94-91337-47-5

Woord vooraf

Mijn jongste zoon, Killian (10), wilde een boek. Een voorleesboek.
En hij wilde niet zomaar een boek: hij wilde een leuk boek.

Oei!
Killian heeft autisme en dan is een leuk boek vinden best lastig.

Voor prentenboeken was hij nu echt te oud.
Dikkere boeken kon hij nog niet aan.
Die waren ook nog eens veel te spannend.
Of er stonden te veel woorden en zinnen in die hij niet begreep.
Of hij begreep halverwege het boek niet meer waar het over
ging. Maar op een Avi 3 verhaal zat hij ook niet te wachten.

Behalve moeder ben ik ook auteur van doelgroepboeken.
Ik heb veel geleerd over taalontwikkeling en
taalontwikkelingsstoornissen.

Dus schreef ik het boek dat hij wilde hebben zelf.
Ik had maar één voorwaarde: ik wilde dat Killian me hielp!

Dat deed hij. En toen we het eerste verhaal af gemaakt hadden:
Gideon, bedacht Killian een tweede verhaal. Het moest zich
afspelen in een ver land, zodat Gideon lekker ver kon vliegen.
Er moest een magische draak in voorkomen, een sneeuwdraak,
eenden. En een schildpad. Dat laatste was het moeilijkste. En
natuurlijk moest de malle kat Pluis ook weer van de partij zijn!

Het resultaat?

Een verhaal tjokvol draken en kattengrappen.

Elk hoofdstuk is precies lang genoeg voor één voorleesrondje.

Er zijn geen te spannende eindes waar je wakker van ligt.

Wel heel veel woordgrapjes!

Geen moeilijke, abstracte woorden.

Met Engelse woorden uit games!

Veel herhalingen zodat je altijd snapt waar het over gaat.

Mijn dank gaat uit naar alle ouders en kinderen, met en zonder ass, die in de testversie hebben meegelezen en meegeleefd:

Nick, Rune, Sverre, Jenthe, Jan, Julie, Jelte, Denise, Esmee, Jason, Brandon,

Met bijzonder veel dank aan Bianca Mastenbroek en redacteur Bianca Nederlof! Dames, bedankt voor jullie hulp, snel en grondig, precies toen we het nodig hadden.

Killian en ik wensen iedereen heel veel plezier met de avonturen van Killian, Gideon en Skywender!

1. Twee draken op de stoep

Ding dong, doet de deurbel.

Killians moeder doet open.

Op de stoep staat een draak.

Nee, er staan twee draken!

De ene draak is Gideon.

Gideon is een grote, groene draak.

Hij heeft schubben en een lange flapstaart en grote vleugels.

Gideon is de beste vriend van Killian.

De andere draak heet Aleks.

Aleks is een kleine sneeuwdraak.

Ze heeft geen schubben maar een zacht,

blauw vachtje.

En prachtige, grote ogen.

Aleks is een kleine maar stoere draak.

Want ze woont op de Noordpool, in een grot met een dak van ijs.

De wanden van haar ijsgrot heeft ze behangen met diamanten

en edelstenen.

Haar hele huis glinstert en schittert.

Ze kan de prachtigste verhalen vertellen over haar huis.

Ze heeft een verhaal over elke steen.

'Komen jullie Killian bezoeken?'

vraagt mama aan Aleks en Gideon.

De draken knikken allebei tegelijk.

'Hé, draken,' roept Pluis de kat, die net van de trap

naar beneden dribbelt.

'Wat komen jullie doen?

Killian bezoeken?'

'Ja,' zegt Gideon, 'en er is nog iets.'

'Ja,' knikt Aleks, 'op bezoek en nog iets.'

'Gideon klinkt bezorgd en Aleks klinkt blij,' zegt Pluis.

'Waarom?'

Pluis kijkt de draakjes om de beurt aan.

'Waarom, waarom, waarom?' vraagt hij.

Bij elke waarom maakt hij een sprongetje.

'Waarom springt die kat nou zo mal op en neer?'

vraagt Aleks aan Gideon.

'Hij is gewoon nieuwsgierig,' zegt Gideon.

'Waarom, waarom, waarom?' vraagt Pluis.

Hij springt lekker door: op en neer, op en neer.

'Gekke kat,' mompelt Aleks.

'Killian is in zijn nieuwe werkplaats,' zegt mama.

'O ja?' vraagt Gideon.

'Heeft Killian een nieuwe werkplaats?

Met drankjes en potjes en geneesmiddelen?'

'Dat alles en nog veel meer,' glimlacht mama.

'De werkplaats is achter het huis.

In de schuur.'

'In dat kleine schuurtje?' vraagt Gideon.

In het schuurtje staan fietsen, weet Gideon.

Er staat een koelkast.

En er staat een tafel vol rommel.

Hoe kan daar nu een werkplaats zijn?

Gideon weet dat Killian een drakenkliniek wil bouwen.

Met een laboratorium om geneesmiddelen te maken.

Maar dat past toch niet in een klein schuurtje!

Gideon kan daar niet eens naar binnen, zonder zichzelf

superklein te maken.

'Ga maar kijken,' zegt mama.

Ze glimlacht naar Gideon.

'Het valt je vast mee,' zegt ze.

Gideon en Aleks lopen door het huis, naar de tuin met de schutting van stenen en glas.

Gideon duwt de deur van de kleine schuur open.

Hij maakt zich nog een beetje kleiner om erdoor te passen.

'Ohh!' roept hij.

'Laat me erbij, ik wil het ook zien!' roept Aleks.

Ze steekt haar kopje tussen de benen van Gideon door.

'Ohh!' roept ze.

Ze wurmt zichzelf tussen Gideons poten door.

'Wat mooi!

Nog witter dan in mijn ijsgrot.

Nog glinsteriger dan mijn diamanten.

Nog groter-der dan de heeeele Noordpool!'

'Nou overdrijf je,' zegt Killian.

Hij staat achter de werkbank en draagt een mooie, witte jas.

In zijn ene hand heeft hij een reageerbuisje.

En in zijn andere hand heeft hij een pipet.

'Killian!' roept Gideon uit.

'Wat is er gebeurd? Waarom is je schuur ineens zo groot?'

'Ha, Gideon!' zegt Killian.

'Ik zei toch, dat de mensen in dit dorp graag draken helpen?

We mochten alle garages in deze rij kopen.

En toen konden we deze mooie kliniek bouwen.'

Gideon loopt naar de tafel toe, waar Killian achter staat.

Killian ziet eruit als een echte dokter!

Om Killians nek hangt een stethoscoop.

In zijn borstzak zit een thermometer.

En het kleine spuitje, dat hij gebruikt om verstopte olieklieren

door te blazen.

Soms kunnen draken niet meer vuurspugen.

Daar worden ze erg verdrietig van.

Killian helpt de draken dan,

door de olieklieren weer vrij te maken.

'Wat is dit geweldig, Killian!' zegt Gideon.

Killian loopt naar Gideon toe en geeft de draak een dikke knuffel.

Daarna geeft hij Gideon een flinke pets op zijn kop.

Want draken voelen het niet, als je ze zachtjes knuffelt.

'Ik ben echt blij om je te zien, Gideon!' zegt Killian.

'Maar wat doe je hier?

Gaan we op avontuur?' vraagt hij.

'Zeg je mij geen gedag?' vraagt Aleks.

Ze staat ongeduldig te wachten tot Killian haar ook begroet.

'O, het spijt me, Aleks,' zegt Killian.

'Natuurlijk wil ik jou ook knuffelen!'

Killian bukt zich en tilt het kleine draakje op.

Dat kan omdat Aleks echt een kleine draak is.

Gideon heeft zichzelf in elkaar geplopt,

zodat hij in de schuur past.

Maar hij blijft wel net zo zwaar als altijd.

Aleks is helemaal niet zwaar.

Killian houdt haar voorpootjes vast en zwiert het blauwe

sneeuwdraakje door de lucht.

'Wat goed om je te zien, kleine Aleks!' roept hij.

'Ik hou ook van jou!' roept Aleks.

'Maar stop alsjeblieft met zwieren.

Ik word misselijk van het draaien!'

'Oeps, sorry,' zegt Killian.

Hij ziet dat het blauwe vachtje van Aleks een beetje groen wordt.

Hij heeft het draakje helemaal misselijk gezwierd.

Snel zet hij Aleks neer op de werktafel.

'Sorry, lieve Aleks. Ik ben ook zo blij om jullie te zien,' zegt hij.

'Ik was bezig met een nieuwe toverdrankje.

Maar dat kan wel wachten.

Ik vind het veel leuker om wat met jullie te drinken!'

2. Goed nieuws en slecht nieuws

Aleks, Gideon en Killian zitten in de tuin aan de grote tafel.

Mama heeft bekers drinken gebracht.

Grote kelken zeewater voor de draken.

En een flink glas cola voor Killian.

Aleks kijkt jaloers naar het glas cola.

'Mag ik ook wat van die cola?' vraagt ze aan Killians moeder.

'Ik vind dat zooooo lekker.'

Aleks valt bijna van haar krukje terwijl ze zooooo zegt.

Killians moeder schiet in de lach.

'Ach, waarom niet?' zegt ze.

'Die grote kelk is ook eigenlijk een beetje te groot voor je.

En zo te zien vind jij cola heel erg lekker.'

'Maar vertel nou, Gideon en Aleks,' vraagt Killian.

'Waar zijn jullie geweest?

Wat hebben jullie gedaan?

Spannende avonturen beleefd?

Monsters verslagen of kinderen gered?

En wat doen jullie eigenlijk hier?'

Killian wil nog veel meer vragen stellen.

Maar dan springt Pluis ineens, plof, zo van het dak,

midden op de tafel.

En achter hem aan komt poes Netty, de andere kat van Killian.

Zij landt ook zo, plof, op de tafel.

'Poespas, Killian, sttt... stil!' mauwen ze tegelijk.

Killian houdt van schrik meteen zijn mond dicht.

Netty en Pluis werken normaal nooit samen!

'Laat ze nou vertellen waarom ze hier zijn!' miauwt Pluis

opgewonden.

'Ja, mauw, laat die draken praten,' zegt Netty streng.

'Hoe eerder ze kunnen zeggen wat ze willen,

hoe sneller ze weer ophoepelen.

Stinkdraken.'

'Jij bent echt niet aardig, hè, Netty,' zegt Pluis.

'Als je bij Killian wilt wonen, dan horen de draken erbij.

Met hun stankjes en hun puf-geluidjes en alles.'

'Ik haat draken,' moppert Netty, 'maar, mrauw,

ik hou van Killian.'

'Moest er ook nog bij komen,' zegt Pluis.

'Dat je niet van hem houdt.'

'Erbij komen?

Jij bent erbij gekomen,' zegt Netty kattig.

'Voor jij geboren werd, was alles veeel leuker.'

Pets! Pluis mept met zijn pootje tegen Netty's billen.

En Netty vliegt zo de tafel af.

Gelukkig landt ze nog net met haar pootjes op de grond.

Katten vinden landen moeilijk, als ze van zoiets laags als

een tafel vallen.

'Mrrauw,' zegt Netty boos.

Ze steekt haar staart in de lucht en loopt weg.

'Domme, stoute, nare, rare kat,' moppert ze.

'Je bent zelf een domme, stoute, nare, rare kat!' zegt Pluis.

'Je bent een banaan!' roept Netty, net voor ze op de

schutting springt en wegrent.

'O ja?' zegt Pluis.

'O ja?' zegt hij nog eens.

Maar Netty kan hem al niet meer horen, zo ver weg is ze al.

Aleks en Gideon moeten erg lachen.

Netty en Pluis hebben altijd ruzie.

Maar het zijn wel twee grappige katjes!

'Nou, wat is het avontuur nou?' vraagt Pluis ongeduldig.

'We hebben goed nieuws en we hebben minder goed nieuws,'

zegt Gideon dan.

'En we vertellen je eerst het goede nieuws,' zegt Aleks.

Haar ogen beginnen te schitteren en ze gaat extra recht zitten.

'Ik ben sinds gisteren een echt Protection Dragon,' zegt ze.

'Met een diploma en alles!'

'Wauw!' zegt Killian.

'Dat is ontzettend goed!

Ik wist niet eens, dat blauwe draken Protection Dragon

kunnen worden.

Gefeliciteerd, Aleks, ik ben zo trots op je!'

'Ik wist wel dat ze het kon,' zei Gideon trots.

'Ze heeft precies genoeg Groene Drakenbloed van haar

moeder geerft.

Precies genoeg, om Protection Dragon te worden.'

'Ja, dit is nog veel leuker dan edelstenen verzamelen!'

juicht Aleks.

'Ik kan vechten en beschermen en helpen!

Ik ga zoooooveel avonturen beleven.'

'Ja, en daar beginnen we meteen mee,' zegt Gideon.

Hij kijkt Killian ernstig aan.

'We hebben je hulp nodig, Killian.

Er is een draak.

Een doodzieke draak, ver weg van hier.

En ik denk dat jij de enige bent, die hem kan helpen.'

'Een doodzieke draak?' herhaalt Killian.

Nu is het zijn beurt om rechtop te gaan zitten.

'Wat voor doodzieke draak?

Wat heeft hij?

De vreselijke pip?

Het transparante vleugel syndroom?

Toch niet de antieke drakenziekte?

Of het paarse pulperpotsyndroom?

Stel ik weer te veel vragen?'

Gideon schudt zijn kop.

'Het zijn de juiste vragen,' zegt hij.

'Maar we weten niet wat hem mankeert.'

'Daarom hebben we jou nodig, Killian,' zegt Aleks.

'Kun je hier weg?'

'En met jullie meegaan?' vraagt Killian.

'O, dolgraag!

Maar wacht, hoe moet dat dan met mijn kliniek?

Kan ik wel zomaar weggaan?'

'Mrauw,' zegt Pluis.

'Natuurlijk kun je mee.

Je moeder is vroeger zelf een Drakendoker geweest.

Ze kan nog steeds met draken praten.

En je broer Michael is er ook nog!

En als er echt wat is, vliegt Gideon je zo weer terug.

Killian, je bent zo vrij als een vogeltje in de lucht.

Hmm, een vogeltje.

Hmm, lekker.

Lust ik wel.

Is er ergens een vogeltje?'

Pluis kijkt om zich heen en houdt zijn bekje open.

Net alsof hij verwacht, dat er zo een vogeltje zijn bekje

in zal vliegen.

Aleks en Gideon proesten het uit.

'O, Pluis, wat maak je weer een poespas!' zegt Killian.

'Maar je hebt gelijk.

Mijn broer kan verder werken aan het toverdrankje.

En mijn moeder kan best helpen, als er een draak komt

met een noodgeval.

Ja, ik ga mee.'

'Kun je meteen meekomen?' dringt Gideon aan.

'Nu, direct?

Ik heb het gevoel dat we geen tijd mogen verliezen.'

'Ja, natuurlijk,' zegt Killian.

'Alleen nog even tegen mijn moeder zeggen.'

Want Killian weet al dat zijn moeder het goed vindt.

Als het om een zieke draak gaat, vindt ze het altijd goed

als Killian gaat helpen.

Killian loopt al naar binnen, als hij bedenkt dat hij nog één ding

moet weten.

Hij draait zich om naar Gideon en Aleks.

'Waar gaan we eigenlijk naartoe?' vraagt hij.

'Brazilië,' zeggen Gideon en Aleks.

3. Het ei van Aleks

Gideon en Aleks willen dat Killian meegaat naar Brazilië!

Brazilië is het grootste land in Zuid-Amerika.

Door het land stroomt een rivier: de Amazone.

Rondom de rivier groeit een enorme jungle.

Grote delen van die jungle zijn zo dichtbegroeid,

dat er nog nooit mensen zijn geweest.

'Mag ik met ze mee, mam, naar Brazilië?

Om de draak te helpen?' vraagt Killian.

'Ik vind het niet zomaar goed,' zegt Killians moeder.

'Brazilië is ver, helemaal over de Atlantische Oceaan.

Jullie moeten echt wat meer vertellen, Aleks en Gideon.'

'Nou, we waren op vakantie in Brazilie: Gideon, ik en

onze vriend Lorcan,' zegt Aleks.

'Op een dag wilde ik met Lorcan de jungle onderzoeken.

En op één van de meest geheime, verborgen plekken vonden

we een oude, zieke draak.

Die arme draak was te oud of te ziek om nog een poot op te tillen.

Lorcan is bij hem gebleven.

En ik ben, zo snel ik kon, naar Gideon gegaan.

Want ik wist dat we Killian nodig hadden!

En Gideon kan vliegen en ik niet, zie je.'

Aleks flappert even met haar vleugeltjes.

Haar vleugels zijn meer geschikt om sneeuw weg te wapperen,

dan om mee te vliegen.

'Ik hoop dat we op tijd terug zijn,' zegt Gideon.

'Het is lief van Lorcan, om bij de zieke draak te blijven,'

vindt Killians moeder.

'Het is nog vervelender om ziek te zijn, als je je alleen voelt.

En we kunnen een arme, zieke draak niet in de steek laten.

Dus ja, Killian, je mag gaan.'

'Fijn, dan gaan we meteen!' roept Killian.

'Wat moet ik allemaal meenemen?

Malariapillen.

Zalf waardoor de muggen me niet steken.

En misschien een heel groot mes?'

Killian heeft in een film gezien, hoe iemand met een enorm

mes door de jungle liep.

Het mes ging hak, hak door de dikke planten en bomen.

Zo kwam er een pad door de jungle.

Dat lijkt Killian wel wat, lekker hakken.

'Geen mes.

Echt niet, veel te gevaarlijk,' zegt zijn moeder meteen.

Ze pakt Killians handen en kijkt hem recht aan.

'Gideon zal je mes zijn.

Hij baant een pad voor je.'

Ze kijkt Killian ernstig aan.

'De Amazone is één van de laatste plekken op aarde waar
echte, wilde natuur is,' zegt ze.

'Je kunt er makkelijk verdwalen.

Blijf bij Aleks en Gideon.

Dan ben je veilig.'

'Ik beloof het,' zegt Killian.

'Goed dan,' zegt mama.

Gideon zucht van opluchting.

En Aleks springt ongeduldig op en neer.

'Gaan we meteen, gaan we meteen?' roept ze.

'Nog even inpakken,' zegt mama.

'Kom op, Gideon, maak jezelf eens groot!'

Gideon plopt op tot hij lekker groot is.

Zijn kop steekt ver boven de schutting van steen en glas uit.

Zijn zadel en de zadeltassen zijn ook groter geworden.

Dan zijn ze makkelijk te vullen.

Als Gideon weer krimpt worden de tassen kleiner.

En alles wat in de tassen zit, krimpt mee!

Pas als je de spullen uit de tas haalt, worden ze weer net
zo groot als eerst.

Mama doet flesjes water in de zadeltassen.

Ze stopt er medicijnen en verband in.

Eten voor onderweg, extra kleren, extra schoenen en een
dikke slaapzak.

'Die slaapzak is waterdicht,' zegt ze erbij.

'Maar nooit op de grond slapen, Killian.

Als je beslist moet overnachten, doe je dat op de rug van
Gideon of Lorcan, afgesproken?'

'Geen punt,' zegt Killian.

Stiekem lijkt het hem best leuk, om op de rug van een
draak te slapen.

Dan ziet hij dat zijn moeder kattenbrokken in de tas stopt.

'Let maar op,' fluistert ze tegen Killian.

'Ergens halverwege de Atlantische Oceaan,
kom je erachter dat Pluis is meegekomen.'

'Hé, niet zo over me roddelen,' roept Pluis.

Zijn kopje steekt uit de rechter zadeltas.

'Daar kom je heus niet midden op de oceaan achter, hoor!'

zegt hij.

Aleks rolt om van het lachen.

'Nee, al veel, veel eerder!' roept ze.

Ze geeft het katje een flinke drakenknuffel.

'Maar van mij mag je mee, hoor.

Als je maar wel goed op jezelf past.

Ik ben dan wel een Protection Dragon,

ik kan niet alles tegelijk beschermen.'

'Tof, yes, op mezelf passen, doe ik!' roept Pluis.

Hij duikt de zadeltas weer in.

'Ik ben er klaar voor!' roept hij nog.

'Wordt Pluis nu ook kleiner als jij straks krimpt?'

vraagt Killian aan Gideon.

Gideon knikt.

'En wordt hij groter als jij jezelf extra groot maakt?'

'Nee,' zegt Gideon.

'Dingen worden gelukkig nooit groter dan ze horen te zijn.

En dat is maar goed ook.

Ik vind dat we zo precies genoeg Pluis hebben,

daar hoeft geen centimetertje bij.'

'Hé, wat zit er in je tas, Gideon?'

roept Pluis vanuit de zadeltas.

'Hard en rond en schalerig en helemaal niet zacht!

Dat ligt niet lekker, mensen.

Eh, draken.

Dat smijt ik er eens even uit,' mauwt hij.

'Nee! Niet smijten!' roept Aleks.

Als een pijl uit de boog duikt ze de zadeltas in.

'Net op tijd!' zegt ze opgelucht.

Ze klautert uit de zadeltas met een fors ei onder

haar linkerpoot.

'Wat is dat nou?' vraagt Killian verbaasd.

'Wat dat is?' herhaalt Aleks.

'Dat is een ei, natuurlijk.

En dat ei is van mij.

Het is mijn ei.'

4. Vertrek naar Brazilië

Aleks gaat op de rug van Gideon zitten en geeft kleine,

zachte klopjes op haar ei.

'Het is mijn ei,' zegt ze nog een keer.

'Pluis moet er voorzichtig mee doen.

Mijn ei!'

Killian is heel verbaasd.

Drakeneieren zijn erg zeldzaam.

Alleen vrouwtjesdraken kunnen eieren leggen.

En dat doen ze alleen als ze in grote nood zitten of zich

heel erg vervelen.

Want het duurt erg lang, voor drakeneieren uitkomen.

Soms wel honderd jaar, heeft Killian eens gelezen.

'Maar hoe, wat is, hoe kan dat?' vraagt hij.

'Jullie zijn toch niet in groot gevaar geweest, Gideon?'

'Aleks heeft haar ei al heel lang, Killian,' antwoordt Gideon.

'Ooit, tientallen jaren geleden, was er een groot gevecht

op de Noordpool.

De sneeuwdraken werden aangevallen door mensen.

Toen Aleks dacht, dat de sneeuwdraken gingen verliezen,

legde ze een ei.'

'Ja, ik heb mijn ei al heeel lang, Killian en er komt maar geen

draakje uit,' zegt Aleks.

'We waren al van plan, om het een keer aan je te vragen.

We hoopten dat jij kon opzoeken in de Drakenalmanak,

waarom er geen draakje uit mijn ei komt.

Ik verlang iedere dag meer naar een lief klein babydraakje.'

'Tjonge,' zegt Killian.

'En dat ei zit zomaar in jouw zadeltas, Gideon?

'Moeten we het niet warm houden?

Of beschermen?

We hadden er wel iets groots en zwaars op kunnen gooien.'

'Zo'n ei kan wel wat hebben, hoor,' zegt Gideon.

'Maar dat wil nog niet zeggen dat Pluis ermee mag gooien.'

'Sorry!' roept Pluis.

'Ik wist het niet, oké?

En nu weet ik het wel, dus nu zal ik op dat ei passen.

Geef me maar zo'n superdeluxe zachte handdoek.

Dan ga ik er wel op liggen om hem lekker warm te houden.

Ik ben groot en dik en warm en zacht: een prima eierwarmertje.'

'Goed plan,' grinnikt Gideon.

'Dat ei hoeft niet echt warm te blijven,' zegt Gideon tegen

Killian, als Pluis niet kijkt.

'Maar het kan ook geen kwaad.

En het houdt Pluis lekker bezig.'

Killian zit vol vragen over het geheimzinnige ei.

Maar hij begrijpt dat Gideon en Aleks nu belangrijkere zaken

aan hun hoofd hebben.

Ze zijn vast erg ongerust over Lorcan en de zieke, oude draak.

Gelukkig zijn ze nu eindelijk klaar om te vertrekken.

Killian zit op de rug van Gideon.

Hij heeft zijn stevige bergschoenen aangetrokken.

En een broek met pijpen die dichtgebonden zijn.

Dan kunnen er geen beestje in zijn broekspijpen kruipen.

Aleks is met haar ei in de zadeltas van Gideon gekropen.

Aleks wil haar ei niet te lang alleen bij Pluis laten!

Netty zit op het dak en kijkt toe.

'Gaan jullie al?' vraagt Netty telkens.

En:

'Zijn jullie nog niet weg?

Duwtje nodig?

Vuurtje onder je staart, Gideon, gaat dat helpen?'

'We wachten nog heel even op Michael,' zegt mama.

'Die paar minuten maken niet uit.

Michael heeft een nieuw apparaatje voor Killian.

Een heel klein dingetje, je stopt het zo in je oor.

Het is een soort telefoon, die rechtstreeks contact maakt met

de computer van Michael.

Dan kunnen we contact houden, ook op plaatsen waar geen

mobiele dekking is.'

'Ik ben er al,' zegt Michael, die net aan komt lopen.

'Naar de Amazone, Killian?

Ik ben echt jaloers.

Heel erg met hoofdletters JALOERS.

Waarom heb ik nu net een toetsweek op school?

Hier, stop dit in je oor.'

Hij geeft Killian een oordopje.

Killian doet de dop in zijn oor en tikt ertegen aan.

'Zo zet je hem toch aan?

Ik hoor niks,' zegt Killian.

'Ja, weet ik,' zegt Michael.

'Het systeem heeft nog wat kuren.

Hij werkt bijvoorbeeld nog niet goed als het onweert.

En hij is niet honderd procent magie-bestendig.

Ik ga er zo nog even naar kijken, het zijn allemaal problemen

die ik op kan lossen.

Hou die oordop in elk geval goed in je oor, Killian.'

'Dat doe ik,' belooft Killian.

'O, en Michael, ik neem de Drakenalmanak niet mee.

Er is maar één Drakenalmanak op de hele wereld.

En ik wil hem niet kwijtraken in het oerwoud!'

'O, kom op nou, hier hebben we helemaal geen tijd voor!'

moppert Gideon.

Hij slaat met zijn vleugels.

'Ik zal een kopie van de almanak maken, die je mee kan

nemen op een i-pad,' belooft Michael.

'En tot die tijd zoeken mama en ik alles op wat jij wilt weten.

Je hoeft alleen maar je oordoppen te gebruiken.

Raak die vooral niet kwijt!'

'Ik zal erom denken!' roept Killian terug.

Hij moet zich goed vasthouden, want Gideon slaat steeds

steviger met zijn vleugels.

'Zorg goed voor mijn laboratorium!'

Killian moet bijna schreeuwen, zo hard flapt Gideon.

'Schudt vooral het platinadrankje regelmatig,

het was bijna klaar!'

'Laboratorium, schudden, komt goed, ik zal er aan denken!'

roept Michael terug.

'Sorry, broertjes, we moeten nu echt gaan,' zegt Gideon.

'Hou je vast, we vliegen op!'

Met een machtige flap van zijn grote vleugels tilt Gideon hen

de lucht in.

'Whoehoe!' roept Killian.

Hij zwaait naar Michael en zijn moeder.

Killian en Gideon zijn al zo hoog, dat Michael en mama heel

klein lijken.

Op één van de daken van het dorp ziet Killian Netty lopen.

Hij zwaait ook naar haar.

Netty kijkt omhoog en houdt haar kopje scheef.

Het is net alsof ze 'Miauw, dag' zegt.

'Dag lieve Netty, tot snel,' roept Killian.

Want Netty is wel een ouwe mopperkont-kat,

ze is wel zijn lieve mopperkont-kat.

5. De amazonerivier

Killian zit op de rug van Gideon.

Aleks en Pluis reizen mee in de zadeltassen van Gideon.

Ze vliegen met een flinke vaart over de Atlantische Oceaan.

Gideon wijst eilanden aan.

De Azoren.

De Kaapverdische eilanden.

Sint Helena.

Bij Sint Helena buigen ze af naar het zuiden.

'Nu gaan we naar Zuid-Amerika!' roept Gideon als een echte

reisleider.

Gideon vliegt supersnel, met zijn grote vleugels en drakenkracht.

Veel sneller dan een vliegtuig.

Toch duurt de vlucht meer dan drie uur.

En het grootste deel van de tijd,

vliegen ze over de wijde oceaan.

Maar omdat Gideon een Protection Dragon is,

voelt Killian zich helemaal veilig.

Hij is net zo veilig, als wanneer hij met twee voeten op

de grond staat.

'Oei, we zijn een behoorlijk eind uit de richting,' zegt Gideon,

als ze de kust naderen.

De wind suist en als Killian om zich heen kijkt ziet hij zee

en nog eens zee.

'Ik weet niet waar we zijn, Gideon,' zegt hij.

'We zijn nu vlakbij Rio de Janeiro,' vertelt Gideon.

'Maar we moeten veel meer naar het noorden.

Ik zal me wel in een eilandje vergist hebben,

ergens boven de oceaan.

Wat dom van me.

Dat overkomt me haast nooit!'

'Ik zie alleen maar zee!

Hoe weet je nou waar we zijn?' roept Killian in Gideons oor.

'Wacht maar, je ziet het zo!' zegt Gideon.

Even later vliegen ze over land.

Vanaf de rug van Gideon ziet Brazilië er zo mooi uit!

Killian ziet de rivier en de eilanden die oprijzen uit het water.

Hij ziet bergen die bedekt zijn met een dicht oerwoud.

Tussen de bergen door ziet hij hoe de zon door de wolken schijnt.

Heel anders dan dat kleine, platte Nederland.

Het is zo prachtig dat Killian bijna achterstevoren gaat zitten.

Hij wil zo lang mogelijk blijven kijken!

Gideon draait naar het noorden en slaat nog krachtiger

met zijn vleugels.

Ze vliegen over wouden en kleine en grotere steden.

Dan ziet Killian onder zich plotseling weer een enorme

watermassa!

'Dit is het, dit is de Amazone!' roept Gideon.

Als een eindeloos lange, dikke slang kronkelt de rivier door het

groene woud.

Killian slaat zijn armen stevig om Gideons nek heen en gluurt

naar beneden.

'Wat is dat mooi, wat is het hier mooi!' zegt Killian.

Gideon gaat wat lager en trager vliegen zodat Killian

alles goed ziet.

'Is de Amazone-rivier overal zo?' roept Killian.

'Zo breed, met die prachtige lussen?'

'Nee, hoor!' roept Gideon terug.

'De Amazone begint in Peru als een klein, rustig stroompje.

Het is dan alleen maar een plukje smeltend ijs.

Maar de rivier stroomt door het hele land.

En er komt steeds meer water bij.

Van de regen, van de zijrivieren.

Bij de zee, daar waar wij net waren, is de Amazone wild

en breed en woest.'

'Waar moeten wij zijn?

Waar zijn Lorcan en de zieke draak?' vraagt Killian.

'Hier vlakbij.

In het rustige gebied.

Hij was toch in het rustige gebied?

Waar is het rustige gebied?'

Gideon gaat langzamer vliegen.

'Was het nu voorbij deze bocht?

Of voorbij de volgende?'

Gideon schudt zijn kop en Killian moet hem stevig vasthouden

om niet te vallen.

'Lieve help!' roept Gideon.

'Ik weet het niet meer.

Was het nu hier?

Was het nu daar?

Wie, wat, waar?'

Gideon keert en draait en zwaait in de lucht.

Killian klemt zijn benen tegen het zadel en slaat zijn armen

om de nek van de draak.

'Ben ik nu verdwaald?' vraagt Gideon zich hardop af.

'Nee, ik ben toch niet verdwaald?

Ik verdwaal nooit!

Ik verdwaal niet, want ik ben een Protection Dragon!'

Killian wordt steeds ongeruster.

Hij begrijpt wel, waarom Gideon het moeilijk vindt om

de juiste plek te vinden.

Al die bomen en kronkelende rivierdelen lijken op elkaar.

Maar Gideon is nog nooit eerder verdwaald.

Hij weet nog beter de weg te vinden, dan de TomTom.

Zelfs op de kale, lege Noordpool vliegt de draak recht

op het doel af!

Killian denkt aan de zieke draak, die in de jungle ligt.

Bij Lorcan, de vriend van Aleks en Gideon.

Als de ziekte van die draak maar niet besmettelijk is.

Dan zit Killian straks met vier zieke draken in het oerwoud!

Terwijl Gideon steeds slordigere cirkels vliegt,

blijft Killian daaraan denken.

Als zijn draak maar niet ziek is.

Als Gideon maar niet ziek is.

6. Verdwaald!

Ongerust aait Killian over Gideons hals.

Gideon, die altijd de weg weet, is verdwaald!

Verdwaald boven de wouden van Brazilië.

Gideon kijkt naar beneden, naar de jungle en de rivier.

'Waar is het nu?' mompelt hij.

'Bij welke bocht?

Die, of de vorige, of de volgende?

Wat is er toch met mijn richtingsgevoel?

Normaal vlieg ik overal recht op af.

Maar vandaag niet.

Er is iets mis.

Iets mis met mij.

Ik weet het zeker!

Killian, wat is er toch mis met me?'

Gideon raakt zo in paniek, dat hij rondjes begint te vliegen.

Zoef, zoef, zoef, rondje na rondje achter zijn eigen staart aan.

'Hé, stop daar eens mee!' roept Killian.

'Ik word zo draaierig als een katje!'

'Sorry!' roept Gideon.

'Het spijt me, maar ik ben echt een beetje in paniek.

Wat moet ik nu?

Wat moet ik nu?'

'Zal ik Aleks uit de zadeltas halen?' stelt Killian voor.

'Misschien weet zij het wel.

Sneeuwdraken hebben een heel goed richtingsgevoel.'

'Goed plan,' roept Gideon terug.

'Dan moet je wel stoppen met rondjes vliegen,'

zegt Killian streng.

'Aleks kan zich niet zo goed vasthouden met die korte pootjes.'

Killian klemt zijn benen stevig tegen het zadel.

Dan buigt hij opzij en steekt zijn hand in de zadeltas.

Eerst voelt hij de dikke, warme vacht van Pluis.

Dan voelt hij het zachte, warme vachtje van Aleks.

'Pas op, Aleks, ik ga je optillen,' zegt Killian.

Aleks maakt een piepgeluidje dat blij en geschrokken

tegelijk klinkt: 'Iep!'.

Killian tilt Aleks op en zet het draakje op zijn schoot.

'Waarom haal je me nu uit de zadeltas?' klaagt Aleks.

'Ik sliep net zo lekker.

Lekker warm, lekker zacht.

Die Pluis is een prima kussentje.'

'We zijn de weg kwijt,' zegt Killian.

'Gideon weet niet meer precies waar Lorcan is.

We hopen dat jij het weet.'

'Nah, Gideon, wat is dat nou voor rarigheid,' roept Aleks.

'Jij weet toch altijd hoe je overal moet komen?

'Dat kan wel zijn,' roept Gideon.

'Maar het lukt me gewoon niet.

Normaal komt er zo'n dinge-le-dinges in mijn hoofd,

een soort klik.

En dan kijk ik om me heen en floep, dan weet ik precies

waar ik heen moet.

Maar nu gebeurt dat niet.

Geen dinge-le-dinges, geen klik en al helemaal geen floep.'

'Dinge-le-dinges?' herhaalt Killian.

'Wat is dat nou voor vaags?'

'Ooooooo, ik weet het al!' roept Aleks.

'Lorcan heeft een afweerspreuk gebruikt.

Je weet wel, tegen nieuwsgierige mensen.

'Hier zijn toch helemaal geen mensen,' zegt Gideon.

'We zitten in het midden van het midden van helemaal niets.

En dan daar weer middenin.'

'Nou, wij weten toch niet wat voor problemen Lorcan heeft?'

vraagt Aleks.

'Misschien hoorde Lorcan iets.

Indianen in een kano.

Zakenmannen in een vliegtuig.

Of een toerist.

Er zijn altijd overal toeristen.

Zelfs op de Noordpool.

Weet je nog?

Mijn grot die je bijna niet ziet tot je er al met je pootjes

bovenop staat?

Zelfs daar stond een keer een toerist bovenop met zijn

dikke voeten.

Moest ik heeeeel stil zijn en doen alsof ik een ijsklontje was.'

'Tja, het zou kunnen,' zegt Gideon.

'Maar wat doen we eraan?

Ik kan niet door een afweerspreuk heen beuken.

Ik ben een Protection Dragon, geen Magische Draak.'

'Nee, nee, dat lukt mij ook niet,' geeft Aleks toe.

'Wacht,' zegt Killian.

'Ik vraag het aan Michael.

Hij kan de afweerspreuk opzoeken in de Drakenalmanak.

Misschien staat er ook bij, hoe je de spreuk opheft.'

Killian tikt meteen tegen zijn oordopje, om de telefoon

aan te zetten.

'Michael, Michael, hoor je me?' vraagt hij.

'Killian!' roept Michael.

'Ben je al in het Amazonewoud?

Ik zit er al uren over te lezen.

Ik heb de prachigste foto's gezien!

Van de bomen en de rivier en de watervallen en de dieren...

Het is daar geweldig!'

'Zeg maar tegen je broer, dat ik hem er een keer heen breng,'

belooft Gideon.

'Als hij nu eerst even helpt, met ons kleine probleempje?'

'Probleempje?

Wat voor probleempje?' vraagt Michael.

'Een afweerspreuk, volgens Aleks,' zegt Killian.

'Daardoor kunnen we Lorcan niet vinden.

We kunnen niet landen!'

'Nou, landen zullen we wel moeten,' zegt Gideon.

'Ik begin vreselijke dorst te krijgen.

En kramp in mijn vleugels.

Als ik maar wist wáár we moesten landen!'

'Landen is een goed idee,' zegt Michael.

'Goed idee?

Maar we zijn er nog lang niet!' zegt Killian.

'Ik heb het al opgezocht,' zegt Michael.

'Afweerspreuk: spreuk om de aanwezigheid van draken te

verbergen.

Er staat bij:

"De spreuk werkt of in de lucht.

Of op de aarde.

Of in het water.

Niet op al die plekken tegelijk."

Er is dus een grote kans dat de spreuk van Lorcan alleen

in de lucht werkt.

Tenzij er meerdere spreuken zijn gebruikt, natuurlijk.'

'Tja,' zegt Killian.

'Hier blijven rondhangen is ook niet slim.

Zoek maar een goede plek, Gideon.

Hopelijk zijn we dan niet al te ver bij Lorcan vandaan.'

'Dat is goed,' zegt Gideon.

'Laat me eens kijken.'

Hij flapt met zijn sterke vleugels en ze schieten vooruit.

'Ik weet het nog tot hier en dan, nee.

Daarna weet ik het niet meer,' mompelt Gideon.

'En hier weet ik het weer wel.

En daar weer niet.

O, ik haat afweerspreuken!

We landen hier, Killian.

Ja, hier. Bij de oever van de rivier.

Hou je vast jongens, we gaan dalen!'

7. Een vlot op de rivier

Langzaam vliegt Gideon naar beneden,

door de dikbegroeide jungle van Brazilië.

Killian, Gideon en Aleks zijn op zoek naar Lorcan.

Hun vriend waakt over een oude, zieke draak die daar ergens

in de jungle ligt.

Maar Lorcan heeft een afweerspreuk gebruikt!

Nu is het extra moeilijk om Lorcan en de zieke draak terug

te vinden.

Killian voelt dat Gideon zichzelf soms kleiner en soms

groter maakt.

Zo passen ze door alle gaatjes die de jungle heeft.

Killian houdt Aleks stevig vast.

Gideon slingert erg en Aleks haar pootjes zijn kort.

'De begroeiing wordt te dik,' zegt Gideon dan.

'Te veel takken en bladeren en sliertige stengels.

Ik moet een landingsplaats branden met mijn vuur.'

'Pas op dat je geen bosbrand begint,' zegt Killian bezorgd.

'Praat maar even niet tegen Gideon,' zegt Aleks.

'Hij moet goed opletten.

Wij willen ook geen bosbrand.

Gelukkig is het bos drijfnat, dus het lukt vast.

Alleen moet Gideon wel goed opletten wat hij doet.'

Gideon gaat heel voorzichtig aan het werk.

Hij puft kleine straaltjes vuur uit.

Het vuur is zo heet, dat het echt alleen brandt waar Gideon

wil dat het brandt.

Zo komt er steeds een beetje meer ruimte,

totdat ze kunnen landen.

Aleks stoot Killian aan.

'Goed, hè,' zegt ze trots.

'Alsof hij aan het hakken is, met een straaltje vuur,'

zegt Killian vol bewondering.

'Ja!' roept Gideon, zodra zijn poten op de woudbodem staan.

'Michael heeft gelijk: het is een afweerspreuk die alleen in

de lucht werkt!

Nu weet ik de weg weer.

Ik weet het weer!'

Killian laat zich van Gideons rug glijden.

De geur die uit de modder komt is die van prut en

verrotte bladeren.

Hij ruikt de rivier ook: modder en water.

Gelukkig ruikt hij ook fris regenwater.

En het groen van de bomen en planten.

Dat ruikt erg lekker.

'Kijk, daar is de rivier!' zegt Aleks.

Killian loopt ernaartoe en Aleks hopst achter hem aan.

Ze moet erg haar best doen om niet in de modder te blijven

steken met haar kleine pootjes.

Maar dat lijkt haar niks uit te maken.

'O, wat fijn om hier weer terug te zijn.

Wat is het hier mooi, o, zo mooi, echt mooi hier,' zegt ze steeds.

Killian is het helemaal met Aleks eens.

Als hij op de oever staat, ziet hij een heel stuk van de rivier.

Het water ziet er bijzonder uit.

Modderig met melk.

Langs de oevers groeien metershoge varens.

Hun bladeren hangen over het water heen.

Aan de bomen bungelen lianen.

Sommige bomen, bomen met kronkelige, soepele takken,

groeien zo in het water.

En het water staat zo roerloos stil.

Maar het woud zelf is helemaal niet stil.

Killian hoort aapjes schreeuwen en vogels fluiten.

Het woud is vol leven, al kan Killian de dieren niet zien.

'Niet te dicht bij de kant staan,' waarschuwt Aleks.

'Ik wil niet dat je van de kant afglijdt.

Die prut is zo glad als een glijbaantje!'

'Ik kan goed zwemmen, hoor,' zegt Killian.

'Dat weet ik,' zegt Aleks.

'Maar er zitten soms kaaimannen in het water.

Je weet wel, zo'n soort krokodil maar dan anders.

Of misschien een piranha of een discusvis of een sidderaal.'

'Ben je Killian nou bang aan het maken, Aleks?'

zegt Gideon streng.

Hij heeft zichzelf weer groot gemaakt, zodat hij makkelijker

door het woud kan stappen.

'Die beestjes hier hebben nog nooit mensen gezien,' legt hij uit.

'En zeker geen draken.

Ze zijn veel banger van ons, dan wij van hen zijn.

Luister.

Ik weet waar Lorcan is.

We moeten nog ongeveer een halve kilometer stroomafwaarts

reizen.

Vliegen kunnen we niet, dan brengt de Afweerspreuk ons

in de war.

Als we een vlot maken, kunnen we naar hem toe varen.'

'Ha, yes, een vlot!' zegt Killian.

'Dat heb ik nu altijd al eens willen maken.'

'Wat hoor ik over een vlot, miauw?' vraagt Pluis.

Hij is eindelijk wakker geworden en steekt zijn kopje uit

de zadeltas.

'We gaan toch niet over het water?

Zeg dat we niet over het water gaan!

Wrauw, ik hou niet van water!

Kledder, kleddernat.

Brrr, niets voor katjes.'

'Kom op, dappere kat, je wilde zelf mee,' lacht Killian.

'Ik wist niet dat hij zo nat was, die rivier,' zegt Pluis beteuterd.

Killian moet zo lachen dat hij geen antwoord kan geven.

'Mag ik nog wat langer in de zadeltas zitten?' vraagt Pluis.

'Hoef ik niet te helpen?'

'Ja, goed idee!' zegt Aleks meteen.

'In de zadeltas blijven.

Moet je doen.

Daar ben je veilig en warm, net als mijn eitje.

Goed op het ei passen, hoor!'

'Ja, ik ga wel lekker hier zitten,' zegt Pluis.

'En dan zo, een beetje, met mijn koppie eruit.'

'Zeg, dat is allemaal prima, hoor,' zegt Gideon.

'Maar ik wil nu wel even doorwerken.

Anders komen we nooit bij Lorcan en de oude zieke draak.

Ik heb boomstammetjes nodig.

En sterke lianen om ze aan elkaar vast te binden.

Lianen zijn die slingerplanten die aan de boomtakken hangen.

Aleks, wil jij die er met een klein beetje vuur afhalen?

Dan zorg ik voor de boomstammen.'

Gideon en Aleks werken flink door.

Erg makkelijk gaat het niet.

De grond is erg modderig.

Soms worden de poten van de draken helemaal vastgezogen

in die modder.

Vooral kleine Aleks heeft het moeilijk.

'Hè, wat een geploeter,' moppert ze.

'Ik word er zo moe van!

Hadden we nu maar een Magische Draak om ons te helpen.'

'Magische Draken zijn net zo zeldzaam als blauwe sterren,'

puft Gideon.

'We moeten het echt zelf doen.

En tegen mij mopperen helpt al helemaal niet.'

'Ik mopper als ik wil,' vindt Aleks.

'Stil! Hoe moet ik nadenken, als jij zoveel moppert!' zegt Gideon.

'Wees zelf stil!' roept Aleks.

'Nee, jij!' roept Gideon.

'Stop!' Killian geeft beide draken een flinke pets op hun neus.

'Geen ruzie.

Denk aan de zieke draak,' zegt hij streng.

'Hup, draakjes, hup, draakjes.

Het begint echt al op een vlot te lijken!' moedigt Pluis aan.

'Nou, vooruit dan,' zegt Aleks.

Ze schuifelt achteruit met een flink stuk liaan in haar bekje.

Killian helpt met de knoop.

En Gideon duwt de boomstammetjes aan elkaar.

'Hoera, het lukt!' roept Pluis.

Aleks schuifelt nog een keer achteruit met een liaan in

haar bekje.

Ze zet zich helemaal schrap.

Ze gromt van inspanning: 'Grrrrrrr.'

Zo hard trekt ze aan de liaan.

En dan, pats, breekt de liaan.

Aleks tuimelt achterover, holderdebolder, ondersteboven,

zo door de modder.

'Hé, een zwarte sneeuwdraak!' lacht Pluis.

'Grrr!' zegt Aleks boos.

Ze krabbelt overeind.

'Als jij niet op mijn ei zat, foute kat, dan gooide ik jou in de

modder!' zegt ze.

'Stop nou eens met ruziemaken!' roept Killian.

Gideon grijpt de liaan en trekt er uit alle macht aan.

Nu lukt het goed!

Die laatste liaan trekt alle boomstammen stevig tegen

elkaar aan.

'Ik durf daar wel op,' zegt Pluis.

Hij glipt uit de zadeltas en springt op het vlot.

'Ik durf ook,' zegt Killian.

'Ik moet in het midden,' zegt Gideon.

'Ik ben het zwaarst.'

Aleks en Killian gaan achterop zitten, Pluis staat voorop

en speurt de rivier af.

'Alles veilig, schip ahoy!' roept hij.

Gideon steekt een lange stok in het water en stoot de boot af.

'Jaaaa!' juicht Aleks en ze steekt haar beide pootjes in de lucht.

'We varen.

We varen!'

'Woehoe, dit is leuk!' roept Pluis.

Samen glijden ze de rivier af, op weg naar Lorcan

en de zieke draak.

8. Eindelijk

Killian, kat Pluis en de draken Gideon en Aleks varen op hun vlot de rivier af.

Ze varen onder varens door en langs dunne kronkelbomen.

Een paar eendjes dobberen voorbij.

Als één van de eendjes zijn vleugels uitslaat, ziet Killian dat het dier prachtige veren heeft.

Schitterend blauw en helder wit.

Dan maakt de rivier een scherpe bocht.

Gideon moet zijn stok vaak in de bodem duwen, om het vlot de goede kant op te sturen.

'Goed zo! Knap hoor!' moedigt Pluis aan.

'Beetje naar links.

Beetje naar rechts.

Nee, toch naar links.'

'Stil nou!' puft Gideon.

'Het is al moeilijk genoeg zonder jouw poespas!'

'Je moet naar rechts!' roept Pluis, die zich niets van

Gideon aantrekt.

'Stil, stil, stil nou,' roept Gideon.

Het vlot schommelt wild.

Killian en Aleks vallen er bijna vanaf!

'Stil, straks vallen we in de rivier!' brullen ze allebei tegelijk

naar Pluis.

'Sorry!' roept Pluis.

Hij duikt weg, de zadeltas in.

Zijn staartje glipt als laatste naar binnen.

'Hèhè, die is stil,' zegt Aleks.

'We zijn er bijna,' puft Gideon.

'Na deze bocht zijn we er, ik voel het.

Gelukkig maar, want ik word hier erg moe van.'

Gideon laat de stok in het water plonsen en wil nog eens extra

afzetten.

Maar er gaat iets mis.

De stok komt niet diep.

En als Gideon afzet, schommelt het vlot nog erger dan eerst.

'O, nee!' roept Aleks.

'Je zette je stok op de rug van een kaaiman!'

Meteen duikt de kaaiman op.

Hij is boos!

Vlak voor het vlot flapt het dier met zijn staart.

De golf laat het vlot wankelen.

Het dier opent zijn grote bek en laat zijn enorme tanden zien.

'Oh, jij, prachtige druktemaker!' zegt Gideon tegen de kaaiman.

'Kijk eens hoe mooi die kaaiman is!' roept hij glunderend.

Killian begrijpt dat Gideon een dier ziet, dat wel een beetje op

een draak lijkt.

Maar Killian ziet alleen maar een gevaarlijk hapdier!

Het rivierwater spoelt over het vlot heen.

De kaaiman flapt nog eens met zijn staart: flap!

En hij hapt nog eens met zijn bek: hap!

Killian glijdt steeds verder naar de rand van het vlot!

'Gideon, Aleks, help!' roept Killian.

En dan doet Aleks iets heel knaps.

Ze springt op en spuwt vuur uit.

Het vuur is blauw, zo heet is het.

Het vuur raakt het vlot niet.

Het vuur raakt Gideon en Killian niet.

Het vuur raakt zelfs de kaaiman niet.

Maar het boze dier schrikt er wel van.

De kaaiman houdt op met flappen en happen.

Hij duikt onder water en zwemt weg.

De rivier wordt weer rustig.

Het vlot ligt weer stil.

'Zo hé, zeg, nou, blauw vuur!' zegt Gideon.

'Ik wist niet dat jij dat kon, Aleks!'

'Dank je wel, Aleks,' zegt Killian.

'Dat scheelde maar een haar, of die kaaiman had ons

opgehapt.'

'Dat denk ik niet hoor,' zegt Aleks.

'Kaaimannen lusten helemaal geen mensen.

Die vinden ze veel te zout.

Ze houden meer van piranha's.

Dat zijn die kleine, happerige vissen.

Daarom laat ik hem leven.

Dat is beter voor ons, want piranha's lusten alles.'

'Gelukkig zijn we er nu echt bijna,' zegt Gideon.

Hij steekt de stok weer in het water, heel voorzichtig deze keer.

Het gaat goed.

Het vlot glijdt soepel door de bocht in de rivier.

En zodra ze de bocht door gevaren zijn, ziet Killian een

oude draak op de oever staan.

'Lorcan!' roept hij uit.

Lorcan is al een paar keer bij Killian geweest.

De oude draak had een dokter nodig voor zijn

ouderdomskwaaltjes.

Eerst had hij het Transparante Vleugelsyndroom.

Dan ziet een draak zijn eigen vleugels niet meer.

Daarna had hij het Rare-RugRecht-Parket.

Draken die aan het Rare-RugRecht-Parket lijden,

kunnen nog maar aan één ding denken.

Lorcan dacht de hele tijd aan tijdreizen en machines bouwen

om door de tijd te reizen.

Maar vandaag ziet de oude draak er goed uit, vindt Killian.

Een beetje moe, misschien.

En zenuwachtig.

Vooral heel zenuwachtig.

Lorcan flapt met zijn staart, puft vuurtjes uit zijn neus en

dribbelt heen en weer.

Killian steekt zijn hand op en zwaait.

'Ahoi!' roept Lorcan blij.

'Jullie zijn het echt!

O, gelukkig, o, dank, jullie zijn er!'

Lorcan is zo blij dat hij van gekkigheid een rondje achter zijn

eigen staart aan danst.

'Hé, leuk,' zegt Pluis.

'Achter je eigen staart aan rennen.

Kan ik ook!'

Hij spring uit de zadeltas en rent een rondje over het vlot.

'Kijk, met sprongetjes!' roept hij.

'Tjoep, tjoep, tjoep!'

Gideon grijpt Pluis in zijn nekvel en tilt hem op.

Het katje spartelt met alle vier zijn pootjes.

'Zet me neer!' roept hij.

'Zodat jij van het vlot valt?' vraagt Gideon.

'Straks ben je vissenvoer, kleine dondertjesjager.'

Bam, het vlot botst tegen de wal.

Aleks en Killian rollen om, zo hard is de klap.

'Oeps,' zegt Pluis.

'Dank je wel voor het redden, draak!'

Lorcan legt zijn staart op het vlot en Gideon springt op de oever.

Samen trekken ze het vlot op het droge.

'Ben zo blij dat je er bent, Gideon,' zegt Lorcan.

'Het spijt me van die afweerspreuk.

Maar er vliegt hier telkens een vliegtuigje over.

In van die steeds kleinere cirkeltjes, weet je.

Zoals ze doen als ze iemand zoeken, snap je.

Ik wilde niet dat ze mij en de oude draak zouden zien.

Maar ooooo, wat was ik ongerust!

Ik wist echt niet of jullie me nog konden vinden.'

'Natuurlijk wel,' zegt Gideon.

'Stelde niets voor, het was zo voor elkaar.'

'Yep, yup, ja hoor, Gideon raakte helemaaal niet in paniek,'

zegt Pluis.

Maar hij zegt het zo overdreven dat Lorcan meteen een beetje

sip gaat kijken.

'Was je in paniek, Gideon?' vraagt hij.

'Ach, wat spijt me dat nou.'

'Wat mij spijt, is dat ik die gekke kat heb meegenomen,'

zegt Gideon boos tegen Pluis.

'Waarom zeg je dat nou tegen Lorcan?'

'Oeps, sorry!' roept Pluis en hij springt er vandoor.

'Even mijn pootjes strekken, hoor!

Als ik steeds op boomstammetjes spring, blijf ik keurig droog,'

zegt hij nog.

'Ga maar, dag!' roept Gideon.

'Gewoon rechtuit,' roept Lorcan hem na.

'Dan kom je vanzelf bij de oude draak.'

Killian zet Aleks op de kant en stapt dan zelf ook op de oever.

'Daar komen we voor, voor de oude draak,' zegt Killian.

'Hoe is het met hem, Lorcan?'

'Niet zo best,' zegt Lorcan.

'Ik ben blij dat je er bent.

Ik denk, dat jullie precies op tijd zijn.'

9. Het verzoek van Skywender

Gideon loopt samen met Lorcan aan de jungle in.

Killian tilt Aleks op en loopt achter hen aan.

Killian doet zijn best, om zo snel mogelijk te lopen.

In de jungle ligt een zieke draak.

Volgens Lorcan komen ze maar net op tijd om te helpen!

Aleks kijkt de hele tijd naar de zadeltassen van Gideon.

Daar zit haar ei in.

Het ei, waar Pluis bovenop lag, zodat het lekker warm bleef.

'Zou het nou sneller uitkomen?' vraagt ze aan Killian.

'Door de warmte van Pluis zijn vachtje?'

'Ik weet het niet, Aleks,' zegt Killian.

'Drakeneieren zijn erg onvoorspelbaar.

Je weet nooit wanneer ze uitkomen.

Maar misschien staan er trucjes in de Drakenalmanak.

Zodra we thuis zijn, zoek ik het op.'

'Ik kan bijna niet meer wachten,' zucht Aleks.

'Het duurt nu al jaren!'

'Tja,' zegt Killian.

Hij heeft er al eens iets over gelezen in de Drakenalmanak.

Soms duurt het wel honderd jaar voor een drakenei uitkomt.

Dat zegt hij liever niet tegen Aleks.

Lorcan buigt een grote tak opzij.

'Hier is de zieke draak, dokter,' zegt hij plechtig.

Verborgen tussen struiken en planten, ziet Killian een grote,

oude draak liggen.

Killian weet meteen dat deze draak er slecht aan toe is:

zijn vel is heel bleek!

'Ach!' zegt hij en hij loopt naar de oude draak toe.

Hij wil het liefst rennen!

Maar hij weet dat je nooit zo snel op een onbekende draak

moet aflopen.

Een draak kan dan zo schrikken dat hij je hand eraf hapt.

Of je hoofd.

Of allebei.

Daarom loopt Killian rustig.

Een paar meter voor de draak gaat hij op zijn knieën zitten.

De draak ligt heel stil.

Doodstil.

Met zijn ogen dicht.

Maar zijn rug gaat traag op en neer.

Zo ziet Killian dat de draak nog steeds ademhaalt.

Ze zijn niet te laat, de draak leeft nog.

'Hallo, draak,' zegt Killian.

'Ik ben Killian, de drakendokter.

Gideon en Aleks hebben me gehaald om je te helpen.'

Killian kijkt scherp naar de draak.

Als de draak hem nog maar hoort!

Het duurt lang.

Gideon, Lorcan, Aleks en Pluis gaan in een kring om hem

heen zitten.

Ze zijn heel stil.

Zelfs Pluis is rustig.

'Killian,' zegt de oude draak dan.

Het dier praat heel erg langzaam.

En zijn stem kraakt van ouderdom.

'Dag Killian.

Mijn naam is Skywender.

Ik ben oud, dokter.

Ik leefde al elf keer een drakenleven van een paar

duizend jaar lang.

Ik weet niet, of ik nog meer levens wil.'

'Al elf keer een paar duizend jaar?' herhaalt Killian.

Hij kijkt om naar Lorcan.

'Wat bedoelt Skywender?' vraagt hij.

'Elf keer duizend is al meer dan tienduizend jaar!

Dat is onmogelijk.

De oudste draak die we kennen, is zesduizend jaar geworden.

Ouder worden draken toch niet?'

'Ik begrijp het ook niet,' zegt Lorcan.

'Misschien is hij tegen een boom aangevlogen,

voor hij hier landde.

En werken zijn hersenen niet meer zo goed, door de klap.'

In de verte klinkt gezoem en Lorcan kijkt op, naar boven.

Killian kijkt ook.

Veel ziet hij niet, alleen een dak van bladeren.

'Dat is het vliegtuig weer,' zegt Lorcan.

'Jullie zijn nu hier zijn om op Skywender te passen.

Dan wil ik eindelijk eens uitzoeken wat dat vliegtuig

aan het doen is.

Misschien begrijp ik dan, waarom hij hier vliegt.

Killian, ik ben zo snel mogelijk terug.'

En nog voor Killian 'Oké' of: 'Blijf-hier' kan zeggen,

vliegt Lorcan weg.

Hij worstelt nog even met het dikke bladerdak en verdwijnt

dan uit het zicht.

Skywender zucht zacht.

'Ik wil nog afscheid van hem nemen...' zegt hij.

Killian gaat wat dichter bij Skywender zitten.

Als het waar is wat Skywender zegt, is hij de oudste draak

die ooit leefde!

Eentje die elf keer duizenden jaren oud is.

Killian legt zijn hand zachtjes tegen de snuit van de oude draak.

'Lieve draak,' zegt hij.

Voorzichtig geeft hij Skywender een petsje.

Hij durft het niet te hard te doen, de draak ziet eruit alsof

hij zal breken!

Een rilling trekt door de draak, Killian voelt het onder zijn vingers.

'Jouw hand voelt net als die van je moeder,'

verzucht de draak.

Skywender doet heel even zijn ogen open en gluurt naar Killian.

Killian ziet dat de ogen van de draak heel lichtblauw zijn,

bijna wit.

'Zij was mijn dokter, toen ik zoveel last had van mijn linkervleugel,'

zegt Skywender.

'Ze was een uitstekend arts.

Jongen, in de hele wereld zijn maar twee mensen die

mij kunnen helpen.

Je moeder.

En jij.'

'Ik wil je graag helpen, Skywender', zegt Killian.

De draak knippert heel traag met zijn ogen.

'Killian, je moet me helpen.

Je moet me helpen om te sterven.'

'Wat?' schrikt Killian.

Hij vergeet helemaal om te fluisteren.

'Echt niet.

Dat doe ik niet.'

10. Zon en zee en bloemen!

'Ik moet sterven,' herhaalt Skywender.

Killian kijkt geschrokken naar de oude draak.

Het dier heeft zijn ogen weer dicht gedaan.

Hij haalt ook bijna geen adem.

Hij ligt heel rustig.

Maar Killian voelt zich helemaal niet rustig!

Hij draait zich om naar Aleks en Gideon.

Pluis zit naast hen, het katje zit zo recht als een boekensteun.

'Zei Skywender nou: ik moet sterven?

Meent hij dat nou echt?' vraagt Killian.

Zijn twee drakenvrienden kijken Killian verdrietig aan.

'Het is waar, Killian,' zegt Gideon.

'We zijn te laat.

Skywenders ogen worden al wit.

Dan is het tijd voor een draak om te sterven.'

Killian kijkt weer naar Skywender.

'Maar jongens, dat mag toch niet!' zegt hij.

'Dat mag hij niet vragen.

Ik ben een Drakendokter, geen drakendoder!'

'We zijn te laat, Killian,' zegt Gideon.

'Zijn vel is vaal en zijn ogen worden wit.

Dit is het einde.

Het spijt heel erg, Killian, maar je kunt hem niet helpen.

Je kunt alleen zijn einde wat makkelijker maken.'

Aleks blijft zwijgen maar schudt ernstig met haar kopje.

Ook Pluisje blijft stil.

Hij zegt niet eens iets geks als: 'O, gooi er gewoon een

magische badeend tegenaan.'

Of: 'Hang maar een propje papier aan zijn staart.'

Of: 'Waarom zetten jullie geen cavia op zijn koppie?'

Killian voelt een paar tranen opkomen.

Als Pluisje geen grapjes meer maakt, dan is het echt mis.

Oude Skywender is stervende.

Ze zijn niet net op tijd, ze zijn net te laat!

'Het is al goed, Killian,' zegt Skywender, zonder zijn ogen

open te doen.

'Ik ben zo moe.

Ik kan nauwelijks mijn ogen openhouden.

Ik wil niet eens meer verder leven.

Het is tijd om te gaan.

Ik ben op.'

'Dat klopt niet,' mompelt Aleks met een diepe nadenk-rimpel op haar snuit.

'Het klopt gewoon niet.'

'Precies,' zegt Killian vastberaden.

'Het klopt niet, en ik geef het niet zomaar op!'

Hij denkt aan de Drakenalmanak, die thuis in de kliniek staat.

In de Drakanalmanak staat misschien wel de oplossing voor Skywenders problemen!

Hij tikt tegen het dopje in zijn oor, om verbinding met Michael te krijgen.

'Michael?' zegt hij.

'Michael, hoor je me?'

Pak de Drakenalmanak!

Ik heb hier een draak die witte ogen krijgt!

Witte ogen en een vaal vel.

Is er dan nog iets, wat ik kan doen?'

'Ik hoor – je –, Killian!' zegt Michael.

'Ik ga – het – zo snel mogelijk – opzoeken.'

De verbinding valt tekens even weg en komt dan weer terug.

'Arg, die rotcomputer!' roept Michael loeiluid in Killians oor.

Het volgende moment is de verbinding verbroken.

Killian tikt nog een keer tegen het oortje.

'Michael!' roept hij.

'Michael!'

Teleurgesteld kijkt Killian naar Gideon en Aleks.

'De verbinding is verbroken,' zegt hij verbaasd.

'Het geeft echt niet, Killian,' zegt Skywender.

'Ik ben al zo oud.

Ik heb zoveel gezien.

Ik heb zoveel gedaan.

Het waren elf prima levens.

En nu heb ik er genoeg van.

Laat me maar.'

'Nee,' zegt Killian.

'Dat wil ik niet doen!

Ik heb gezworen om draken te helpen.

Niet om ze te laten doodgaan!'

'Wacht eens even, wacht eens even,' zegt Aleks.

'Je hebt gelijk, Killian, dit is niet goed.

Er klopt iets niet.

Er klopt iets heel erg niet.'

'Nee, natuurlijk klopt er iets niet,' zegt Pluis.

'Elf prima levens?

Ik heb er maar negen!

En als die op zijn, vind ik dat echt niet prima, hoor!

Ik ben dol op al mijn negen leventjes.'

'Precies, kat,' zegt Aleks.

'Jij hebt negen levens.

Maar draken hebben er maar eentje, net als mensen.

Dus elf keer duizenden jaren, dat is behoorlijk ondraaks.'

Ze gaat naar Skywender toe en snuffelt aan zijn neus.

'Je ruikt niet naar dood, draak,' zegt ze tegen hem.

'Je ruikt naar bloemen en bos en naar zee en frisse lucht.'

Ze snuffelt nog eens en tilt het ooglid van Skywender op.

'Ik zie donkerblauwe draadjes,' mompelt ze.

'En rode draadjes, heel fijne.

Toegegeven, je ziet ze haast niet.

Tenzij je weet waarop je moet letten.'

Ze legt haar pootjes tegen de kop van Skywender.

'Ik begrijp dat je nu moe bent, oude draak,' zegt ze.

Maar ik denk niet dat je doodgaat.

O, nee.'

Dan springt Pluis naar voren.

'Bah, modder, bah, modder,' roept hij, als zijn pootjes

wegzakken in de zachte bodem.

Maar hij zet dapper door en loopt naar Skywender toe.

'Ja, zon en zee en bloemen,' snuffelt hij.

'En ik ruik melk! En koekjes!

Is het echt waar, oude draak?

Heb jij al elf keer geleefd?'

Hij port met zijn snuitje tegen Skywender tot die zijn oog

een klein stukje opent.

'Het is waar,' zegt Skywender.

'En elf keer is meer dan genoeg.'

Het is zoveel meer dan andere draken krijgen.

Ik heb zoveel gezien, zoveel gedaan.

Niet alleen mijn lijf is moe.

Ook mijn kop is moe.'

Aleks schraapt haar keel.

'Ahum, dat kan nou wel zijn,' zegt ze.

'Maar jij bent speciaal, draak.

Heel speciaal.

Super, super, super speciaal.

Want jij bent geen gewone draak.

Jij bent een Magische Draak!'

Killian heeft het gevoel dat zijn hart een bonkerdebonk

of twee overslaat.

'Meen je dat, Aleks?' vraagt hij.

'Is Skywender een Magische Draak?'

'Zo magisch als een ei,' knikt Aleks.

Ze gaat recht voor de oude draak staan,

die daar zo ziek en zielig ligt.

'We gaan je helpen, Skywender, of je het nu wilt of niet,'

belooft ze.

'En straks ben je er nog blij mee ook, met die hulp.

Wacht maar af.'

'Ja, nog blij mee ook,' mauwt Pluis.

Hij geeft een kopje aan Skywender.

Dat kan in elk geval nooit kwaad, meent hij, lief doen.

'Maar hoe kunnen we helpen?' vraagt Gideon.

'Want het wit, echt, zien jullie dat dan niet?

Het wit zit overal!'

'Let nou toch eens op, Gideon!'

Aleks stuitert op en neer van opwinding.

'Wat zeg ik nou net?

Skywender is een Magische Draak.

De oudste Magische Draak in de hele wereld!

Die gaat echt niet dood, die begint gewoon opnieuw!'

roept ze.

11. De magische draak

Aleks aait Skywender heel zachtjes en voorzichtig.

'Skywender is een Magische Draak,' zegt ze.

'Magische draken worden oud, net als gewone draken,

tot ze bijna sterven.

En dan gebeurt er iets waardoor ze opnieuw honderd worden

en duizend jaren leven!'

'Gebeurt er iets?' herhaalt Gideon.

'Ach, kom op, Gideon,' zegt Aleks ongeduldig.

'Gewoon, dat iets.

Dat dingetje.

Of zo, weet je wel?

Lees jij het Drakenjournaal nooit?

Er stond laatst nog zooo'n lang verhaal in,

over Magische draken.'

'Ehm, ik lees het Drakenjournaal niet zo vaak,'

geeft Gideon toe.

Killian streelt over de kop van Skywender.

Skywender mompelt wat.

Het klinkt als: 'E laa.'

De oude draak is zo moe, dat hij eigenlijk niet meer kan praten.

'Arrrme draak,' purt Pluis.

'Ik denk dat ik hem nog maar een paar kopjes moet geven.

En ik wil niet flauw zijn, jongens, maar dat 'iets' mag nu wel

gebeuren!

Anders is het te laat.'

'Ja, arme draak,' zucht Killian.

'En aan iets hebben we natuurlijk niets.

We weten niet eens wat voor 'iets' er moet gebeuren!'

Killian zoekt een boomstam op en gaat zitten.

'Aleks, staat in dat Drakenjournaal wat er moet gebeuren?

Zodat Skywender opnieuw kan leven?' vraagt hij.

'Ja, het stond erin!' zegt Aleks.

Maar dan zakken haar schoudertjes naar beneden en

ze buigt haar kopje.

'Maar ik weet het niet precies meer,' zegt ze zielig.

'Het was een raadsel.

Of een versje.

Het was niet eens moeilijk.

Maar ik wist niet dat ik het moest onthouden.

Dus ik heb het niet onthouden.

Het spijt me, Killian.

Sorry, Skywender.'

Aleks duwt haar pootjes tegen elkaar en kijkt heel zielig.

Ze vindt het echt heel erg dat ze niet heeft onthouden wat er

in het Drakenjournaal stond.

'Nou, ja zeg,' zegt Pluis.

'He, Skywender, weet jij zelf niet, wat je moet doen?

Je hebt het al tien keer eerder gedaan!'

'Ik kan het wel vertellen,' zegt Skywender.

'Maar het gaat toch niet.

Het is onmogelijk.'

'Lieve miauw, mauw, jij bent wel de meest depressieve draak

van de hele wereld,' vindt Pluis.

'Wacht maar, Pluis,' zegt Aleks.

Er staan tranen in haar oogjes.

'Ik herinner het me wel weer!

Echt.

Wacht, het komt al.

Wacht.

Het was iets met trouwen.

Je weet wel, wat ze altijd zeggen als iemand gaat trouwen:

Iets nieuws, iets ouds, iets geleends en iets blauws!

Maar dan, eh, anders.

Owww, ik wilde dat ik een kelkje cola had.

Ik kan veel beter nadenken met een slokje cola in mijn buik!'

'We lossen het op,' zegt Killian vastberaden.

'Ik heb de Drakenalamanak.

En ik heb mijn broer: Michael.

Als er een Drakenjournaal bestaat waar dit in staat, dan vindt

Michael die.

En dan repareert hij de verbinding en vertelt hij ons alles!

Echt!'

'Kun jij dat?' vraagt Aleks.

'Kun jij het Drakenjournaal met het raadsel vinden?

En Skywender redden?

'Natuurlijk kan Killian dat,' zegt Gideon.

'De grotere vraag is, of het hem op tijd lukt.

Skywenders ogen worden steeds witter en bleker.'

'Ja, dat is inderdaad de grote vraag,' zegt Killian.

'Ik krijg nog steeds geen contact met Michael.'

Hij tikt tegen het dopje in zijn oor.

'Michael,' zegt hij. 'Michael!'

Maar Michael zegt niets terug.

'Grr, moet ik Michaels computer eens een flinke pets verkopen?'

vraagt Pluis.

'Dat heeft die computer wel verdiend, Pluis,' zucht Killian.

'Helaas kunnen we alleen maar wachten.'

Killian loopt heen en weer over de open plek voor Skywenders

voeten.

Hij voelt zich veel te onrustig om stil te zitten.

Als hij voor de vierde keer over een dikke boomwortel stapt,

ploft er iets groots uit de lucht.

Killian schrikt zo dat hij achteruit stapt en over de wortel struikelt.

Hij valt op zijn billen op de grond.

Meteen springt hij weer overeind.

Zijn moeder zei duidelijk: 'Niet op de grond gaan zitten!'

En Killian weet goed waarom ze dat zei: daar zitten de meeste

beestjes.

Pas als hij staat kijkt hij om, naar wat er uit de lucht kwam vallen.

'Lorcan!' roept hij uit.

'Kon je niet rustiger doen?

Ik schrok me een hoedje!'

'Whaha, een hoedje,' giechelt Pluis.

'Een hoedje, een hoedje,' zingt hij.

'Weg, kat.

Ga de mieren maar van je pootjes halen,' zegt Lorcan.

'Wha, mieren!' schrikt Pluis.

Hij springt in het rond.

'Dat kriebelt!' roept hij.

Aleks en Gideon moeten lachen.

Niet heel luid, want ze zijn nog steeds verdrietig.

Maar ze lachen toch.

En het is net, of Pluis daar heel tevreden over is.

Hij dribbelt naar Gideon, klimt handig op de rug van de draak

en gaat bij zijn zadeltas zitten.

Daar begint hij zijn vachtje te verzorgen.

'En nog een miertje.

En nog een miertje.

Hé, nog een miertje,' roept hij telkens.

Dan draait Killian zich om naar Lorcan.

Die kwam tenslotte met een smak uit de lucht vallen.

En zelfs voor draken is dat wat raar.

'Wat is er nou aan de hand, Lorcan?' vraagt hij.

'Ben je wel helemaal in orde?'

'Ik moest er snel vandoor,' zegt Lorcan.

'Dat vervelende vliegtuig geeft het maar niet op.

Ze hadden me bijna gezien!'

'En toen liet je jezelf maar naar beneden ploffen,' zegt Killian.

'Zo uit de lucht, door de bomen, naar de grond.

Au?'

'Ja, au.

Eh, dat was ook misschien niet de allerbeste oplossing,'

geeft Lorcan toe.

'Maar ik ben er nu wel zeker van dat de vliegtuigmensen

iemand zoeken!

Ze zijn vastberaden en zoeken volgens een systeem.

Ik weet niet of onze afweerspreuk daar wel tegen kan!'

Lorcan kijkt bezorgd om naar Skywender.

'Hoe is het met hem?' vraagt hij.

'Niet best,' zegt Killian.

'Aleks heeft iets gelezen, in het Drakenjournaal.

Daar moeten we meer over weten.

Maar ik krijg geen contact met Michael en nu kunnen we niet

verder.'

'Ja, Skywender is een Magische Draak, Lorcan!' roept Aleks.

'Ja, ja, dat weet ik,' zegt Lorcan afwezig.

Hij kijkt telkens omhoog.

'Nou moe, wist je dat al?' vraagt Aleks.

'Hoe dan ook: er staat een versje of een gedichtje of een

rijmpje in het Drakenjournaal.

Over Magische Draken.

Over het ding dat moet gebeuren aan het einde van hun leven.

Je weet wel, zodat ze een nieuw leventje krijgen.'

'Ja, een soort spreuk, ja, ik heb het gelezen,'

zegt Lorcan afwezig.

Hij tuurt nog steeds naar boven.

'Waar is dat vliegtuig nu?' mompelt hij.

'Precies, een soort spreuk.

Maar Lorcan, ik weet dus niet meer hoe die ging,' zegt Aleks.

'O, dat weet ik wel,' zegt Lorcan.

'Wat zacht is en ook hard.

Wat jong is en toch oud.

Wat heel is en dan stuk.'

En dan gebeuren er drie dingen tegelijk:

'Dat is het versje!' roept Aleks heel luid.

'Wroem!' Het vliegtuig vliegt recht over hen heen.

'Aleks, je ei!' roept Pluis.

12. De drakenjournaalspreuk

'Wroem!' Het vliegtuig vliegt recht over hen heen.

'Dat is de juiste spreuk voor Skywender, Lorcan, wat geweldig!'

roept Aleks.

'Killian, het ei weibelt!' roept Pluis.

Killian weet niet wat hij nu als eerste moet doen.

Alle draken doen mal!

Lorcan kijkt omhoog, wrijft zijn klauwen tegen elkaar en mompelt:

'Oei, oei, oei, dat vliegtuig.'

Aleks is zo enthousiast over de spreuk dat ze rondjes achter haar

eigen staart aan rent.

'Wat zou het betekenen, wat zou het betekenen,'

roept ze ondertussen.

En Pluis staat bovenop de rug van Gideon te springen en

wijst naar de zadeltas.

Daar zit het ei van Aleks in.

Alleen Gideon doet nog normaal.

Nou ja, normaal.

Hij probeert zijn nek zo te draaien, dat hij in de zadeltas kan kijken.

Gideon wankelt op twee poten.

'Pas op, zo val je om!' roept Killian.

Hij rent naar Gideon en kijkt omhoog naar Pluis.

'Wat is er met het ei?' vraagt hij streng en duidelijk.

'Het bewoog!' roept Pluis.

'Het bewoog helemaal uit zichzelf.'

'Oké,' zegt Killian, 'het beweegt, maar het komt nog niet uit.

Dat is goed, houden zo!'

'Houden zo?' vraagt Pluis.

'Alsof ik de baas ben over dat ei.

Ei, blijf! Doe stil! Doe niks!

Nou ja, braaf ei, het luistert wel.'

Killian rent naar Aleks.

Hij moet het draakje tegenhouden, anders blijft ze maar

rondjes rennen.

'Aleks, hoe gaat dat versje?' vraagt hij.

'Wat zacht is en ook hard.

Wat jong is en toch oud.

Wat heel is en dan stuk,' ratelt Aleks op.

'Weet je ook wat het betekent?' vraagt Killian.

'Jij hebt het Drakenjournaal gelezen!

Stond erbij wat het betekent?'

'Ooo, eh, nee!' zegt Aleks.

'Nee, o, dat weet ik niet.

Ooo, nee, al mijn blij is alweer weg.'

'Blijf het versje herhalen, Aleks,' zegt Killian.

'Dan vergeet je er geen woord van.'

'Oké,' zegt Aleks.

'Wat zacht is en ook hard.

Wat jong is en toch oud.

Wat heel is en dan stuk,' mompelt ze.

Killian knikt en loopt door naar Lorcan.

'Dat vliegtuig moet weg,' zegt hij.

'Iedereen raakt erdoor afgeleid.

Wat kunnen we daaraan doen?'

'Dat is simpel,' zegt Lorcan.

'Gelukkig,' zucht Killian.

'Ook eens iets dat simpel is.'

'We hoeven alleen maar te vinden wie ze zoeken,'

zegt Lorcan.

'Het moet iemand zijn die hier vlakbij is.

Een man of een vrouw.

Iemand die ging woudlopen en verdwaalde.'

'Een woudloper vinden,' herhaalt Killian.

'Noem je dat simpel?

Heb je gezien hoe groot deze jungle is?'

Lorcan poeft een klein drakenrookwolkje uit zijn neus.

'Tja, dan moeten we zoeken!' roept Pluis.

'Beetje je best doen.

En opschieten hoor!

Ik blijf niet voor altijd de baas over dat ei.'

'Maar hoe vinden we dat mens dan?' vraagt Killian.

'Als dat vliegtuig hem al niet ziet, wat kunnen wij dan doen?'

'Tja,' zegt Lorcan.

'In de jungle moet je niet kijken, maar luisteren.

Als je langer luistert, hoor je meer.

Dus klim op mijn rug, Killian.

Iets verderop is een open plek in het woud.

Het is daar helemaal stil.

Nou ja, op de bomen en de apen en de vogels na, dan, hè.

Als we daar gaan staan en heel goed luisteren, horen we hem

misschien.

En als we hem vinden, dan moet jij erheen.

Ik kan me niet vertonen aan een mens.'

Killian kijkt om naar Gideon.

'Is dat een goed plan?' vraagt hij.

'Ga maar,' zegt Gideon.

'Ik pas wel op Skywender.

En op het ei van Aleks.'

'Laten we dan meteen gaan,' zegt Killian.

Hoe eerder ze van het vliegtuig af zijn, hoe beter.

Met wat moeite klautert Killian op de rug van Lorcan.

'Daar gaan we,' waarschuwt Lorcan.

De draak stampt met zijn grote poten door het dichte woud.

Na een tijdje kunnen ze zelfs een stukje vliegen.

Ze zwenken tussen de takken en de bladeren.

'We gaan landen,' roept Lorcan.

'Hou je vast, ik heb weinig ruimte!'

Killian klemt zich vast aan de nek van de draak.

Lorcan steekt zijn achterpoten naar voren en plant ze in

de zachte bodem: flop.

Blubber en bladeren vliegen om Killians oren.

En hij hotst en klotst heen en weer.

En dan staat Lorcan stil.

'Fijne landing,' zegt Killian.

Hij veegt een klont modder van zijn voorhoofd.

'Sttt,' zegt Lorcan. 'Luister!'

Ze luisteren.

Ze luisteren allebei heel stil.

13. Geluiden in de jungle

Lorcan en Killian luisteren naar de geluiden van de jungle.

Eerst hoort Killian alleen de grote geluiden.

Gillende apen, kwetterende vogeltjes en kwakende kikkers.

Maar als hij langer luistert,

hoort hij ook het ruisen van de bladeren.

Het ritselen van kleine dieren.

Luidere geluiden van grotere dieren.

Een brul.

Misschien wel van een panter.

En een schuivend geluid.

Dat zou een slang kunnen zijn.

Killian is niet bang.

Helemaal niet.

Lorcan is bij hem.

Lorcan beschermt hem wel.

En ze zijn hier niet om slangen te vangen of panters te temmen.

Ze zijn hier om een mens te vinden.

Iemand die verdwaald is in de jungle.

Als ze hem vinden, kunnen ze hem naar de rivier brengen,

heeft Killian bedacht.

En op het vlot zetten.

Dan drijft het vlot de rivier af.

En dan kan het vliegtuig hem zien.

Maar ja, dan moeten ze hem wel eerst vinden.

Killian en Lorcan luisteren heel goed.

Fluisterend zegt Lorcan dan: 'Ik hoor iets.

Iemand zingt een lied.'

Killian weet dat Lorcan veel betere oren heeft dan hij.

'Het is geen mooi lied,' zegt Lorcan.

'Het klinkt verdrietig.'

'Ik hoor het niet,' zegt Killian.

'Stt,' zegt Lorcan.

'Als je praat, luister je niet.'

Killian luistert heel stil.

Hij haalt zelfs geen adem.

Dan trekt er een briesje door het woud.

De toppen van de bomen ruisen, de apen schreeuwen

en een vogel krijst.

En als al dat geluid stopt, hoort Killian het.

Een lied. Een heel bekend lied.

'En van je hela, hola, we gaan nog niet naar huis,

we gaan nog niet naar huis, we gaan nog niet naar huis,

En van je hela, hola, we gaan nog niet naar huis,

gaan nog niet naar huis.'

Het is een vrolijk lied.

Maar het klinkt droevig.

Want het wordt gezongen door iemand die huilt.

Door iemand, die gelooft dat hij helemaal niet naar huis

kan gaan.

'Ik hoor hem...' fluistert Killian.

'Hij is niet zo ver hier vandaan,' fluistert Lorcan terug.

Lorcan snuffelt in de lucht.

'Ik ruik zijn paniek.

Honger, dorst.

De rivier is dichtbij, ik denk dat hij het water ruikt.

Maar hij vindt de rivier niet.

Hij wordt er gek van.'

'Dorst?' vraagt Killian.

'Het is hier kleddernat!'

'Maar er is weinig water om te drinken,'

zegt Lorcan kopschuddend.

'Als je niet weet hoe je het moet opvangen, dan heb je niets.

En je kunt ook erg ziek worden van het water hier.

Er zitten allerlei rommeldingen waar mensen niet tegen kunnen.'

'Wat zielig!

We moeten helpen,' zegt Killian.

'Ja, natuurlijk moeten we helpen,' zegt Lorcan.

'Ik breng je zo dicht mogelijk naar hem toe.

Daarna, het spijt me, moet je het even zelf doen.

Ik kan me niet laten zien aan een mens.'

Dat begrijpt Killian.

Maar hij vindt het wel een beetje eng.

Het lied van de man klinkt griezelig.

'Niet zo bang kijken, Killian,' zegt Lorcan.

'Ik beloof je, dat ik vlakbij je blijf.

En doe maar net of die verdwaalde woudloper een stoute

draak is.

Jij klinkt zo stoer, als je tegen stoute draken praat.

Dat werkt vast ook bij stoute woudlopers.'

Daar moet Killian om lachen.

Door het lachen voelt hij zich meteen beter.

'Ja, hopelijk luisteren stoute woudlopers ook naar me,'

zegt hij.

'Breng me maar naar hem toe, Lorcan.

Nu meteen.

Als we hier nog langer blijven, dan durf ik niet meer.'

'Klim maar op mijn rug, Killian, dan gaan we.'

Zodra Killian op de rug van Lorcan klimt,

verdwijnen ook zijn laatste zenuwen.

Lorcan heeft gelijk.

Als Killian stoute draken kan temmen, kan hij ook met een

verdwaalde woudloper praten.

14. De woudloper

'Ik zie de woudloper,' zegt Lorcan zacht.

Lorcan en Killian zitten verstopt tussen de struiken.

'Ik zie hem niet,' zegt Killian.

'Daar,' wijst lorcan.

'Op de grond.

Hij loopt niet, hij kruipt.'

'O ja,' zegt Killian.

'Nu zie ik het ook.

Beetje lager dan ik dacht.'

De man is zo te zien al dagenlang verdwaald in de jungle.

Zijn kleren zijn vies en gescheurd.

Zijn haar zit zo in de war, dat het lijkt alsof er een cavia op

zijn hoofd is geploft.

Het gezicht van de man is heel mager.

En rondom zijn ogen zitten grote, donkere kringen.

'Die heeft honger,' fluistert Killian.

'En al dagen niet geslapen,' fluistert Lorcan.

'Hij is natuurlijk te bang om in slaap te vallen,' zegt Killian.

'Met al die dierengeluiden.

En de kriebelbeesten.

En het is hier helemaal donker in de nacht.

Geen lantaarnpaaltje, niks.'

'Hij heeft ook pijn,' zegt Lorcan.

'Pijn?' vraagt Killian.

'Kijk maar naar zijn voet,' wijst Lorcan.

'Die is helemaal dik.

Hij zal wel gebeten zijn door een of ander dier.

Nu is zijn voet ontstoken.

Ik ruik dat hij koorts heeft: warm en stinkerig.'

'Arme man,' zegt Killian.

'Wees voorzichtig, als je naar hem toeloopt,' zegt Lorcan.

'Wees vriendelijk, zacht en lief, want dat heeft hij nodig.

Maar blijf voorzichtig.

Iemand die zo moe en ziek is, kan hallucinaties krijgen.'

'Dat zijn hoofd hem dingen laat zien, die er niet zijn?'

vraagt Killian.

'Precies,' zegt Lorcan.

'Hij weet misschien niet of je echt bent of niet.'

Daar denkt Killian even over na.

'Dan moet ik doen alsof het heel gewoon is, dat ik er ben.

Dan denkt hij dat ik bij zijn dromen hoor,' zegt hij.

'Dat is een goed plan,' vindt Lorcan.

'Ik blijf hier, Killian, vlakbij.

Als er iets misgaat, kom ik meteen,' belooft hij.

Dapper duwt Killian de struiken opzij en loopt naar de man toe.

'Hallo,' zegt hij.

'We gaan nog niet naar huis, we gaan nog niet naar huis,'

murmelt de man.

'Meneer, u kunt achter mij aanlopen,' zegt Killian.

'Ik weet de weg naar de rivier.'

'Hela, hola,' zegt de man zacht.

Hij duwt zichzelf omhoog, tot hij op zijn knieën zit.

Dan kijkt hij omhoog naar Killian.

'Een kind,' zegt hij.

'Ze sturen een kind om me te redden.

Hihihi, hahaha.

Nu weet ik zeker dat ik gek ben.'

'U bent niet gek,' zegt Killian.

'U heeft alleen honger en dorst.

Ik ben hier en ik kom u redden.

Loop achter me aan.'

Killian praat nu wat strenger.

'Van je hela hola, houdt er de moed maar in,'

zingt de man en hij begint te kruipen.

Maar hij kruipt juist bij Killian vandaan.

'Weg,' zegt hij.

'Weg spook, weg geest, laat me met rust.

Kun je niet zien dat ik probeer om rustig dood te gaan.'

Dan legt de man tot Killians verbazing zijn hoofd op de grond.

Hij gaat in een slaaphouding liggen!

'Ik denk dat ik hier maar blijf liggen.

Mijn lichaam is kapot.

En nu mijn hoofd ook al.

Ik hoop dat ik snel doodga.'

'O, wat is dat toch met dat doodgaan vandaag!'

roept Killian uit.

'Iedereen wil maar dood!

Sta op en kom achter me aan.

Dan kun je leven!'

'Geen zin,' mompelt de man.

'Je bent toch niet echt.

Eerst zie ik mijn hond.

En nu zie ik jou!'

Straks zie ik nog ridders en draken!'

Even kijkt Killian achterom, want het is net of hij Lorcan

hoort lachen.

Maar dan hoort hij een brul in het struikgewas.

Meteen weet hij wat dat is!

Het is een grote katachtige en de brul betekent:

'Wat doen jullie daar?'

Wat is Killian nu blij dat hij niet alleen met draken,

maar ook met katten kan praten!

'Kat!' roept Killian.

'Kun jij me helpen?

Ik wil deze man naar de rivier brengen.

Als we hem redden, gaat het herriemakende vliegtuig weg.'

Het blijft even stil.

De struiken ritselen.

Een aap krijst.

Killian denkt al dat hij zich vergist heeft, als hij ineens een fel

'wrauw' hoort.

Het beest springt tevoorschijn en Killian houdt zijn adem in van

bewondering.

Het is een zwarte panter!

En het is echt een prachtig dier.

'Wrauw,' zegt de panter.

'Moet ik je helpen?

Ik help graag iedereen die kats praat, wrauw.'

'Ik wil dat deze man naar de rivier gaat,' zegt Killian.

'Ja, dat is een man, dat herken ik wel.

Naar de rivier?

Weet je dat zeker?

Je hebt niet veel meer aan deze meneer, hoor.

Hij is al bijna stuk.

En er zit een gek beest op zijn hoofd.'

De panter houdt zijn kop scheef om het kapsel van de

woudloper beter te bekijken.

'Ik kan hem wel voor je opeten?' biedt hij aan.

'Dat kan niet,' zegt Killian streng.

'Je kunt niet zomaar iemand opeten.'

'Waarom niet?' vraagt de panter.

'Het is niet moeilijk, hoor.

Even bijten en dan happen en slikken.'

Hij sluipt naar de man toe en snuffelt.

De man kijkt naar de panter en lacht.

'Een kat,' zegt hij.

'In mijn slaapkamer.'

De panter briest.

'Die is goed in de war.

Ik ben geen kat!

En hij ruikt naar verrot.

Bah.

Te lang met zijn voeten in het water gelopen.

Zal wel een haakworm in gehaakt zijn.

Zo in zijn voet, met zijn hebberige tandjes.

Bah, haakwormen, hekel aan.

Ik wil geen eten dat van een haakworm is geweest.'

'Mooi zo,' zegt Killian.

'Dan eet je hem niet op.'

'Nou,' aarzelt de panter.

'Misschien alleen de goede stukken?'

'Doe niet zo mal,' zegt Killian.

Dan ziet hij dat de panter grijnst.

'Je houdt me voor de gek!' roept hij uit.

'Tuurlijk,' zegt de panter.

'Wat moet ik met zo'n taaie, halve dooie?

Geef mij maar een sappige aap.

Of een mollige slang.'

De man blijft naar de panter staren en steekt zelfs zijn hand

een paar keer uit.

Het is, alsof hij probeert om de panter te aaien.

'Wat een lief katje,' mompelt hij.

'O, wat een mooi beestje.

Zo lief!'

'Pfff, nou.

Die is echt heel erg in de war,' vindt de panter.

'Maar goed, als jij wilt dat hij naar de rivier moet,

dan gaan we naar de rivier!'

15. Zwart, panter, wrauw

'Wat een lief katje,' mompelt de verwarde woudloper.

De arme man is op de grond gaan liggen.

Hij trekt bladeren over zichzelf heen, alsof hij wil gaan slapen.

En dat, terwijl een panter in cirkels om hem heen sluipt.

'Een katje.

Ik weet niet eens wat een katje is.

Wat is een katje?' vraagt de panter aan Killian.

'En trouwens, ik ben niet lief,' gromt hij naar de man.

'Die man vindt jou leuk,' zegt Killian nadenkend.

'We hoeven hem niet te duwen of te dwingen om mee te gaan.

Jij kunt hem lokken, panter.

Dan laat ik je in ruil daarvoor een katje zien.'

De panter denkt even na.

'Nou, vooruit,' zegt hij dan.

'Ik wil wel eens een katje zien.

Kom maar mee, rare stinkmeneer.'

De panter duwt met zijn neus tegen de man aan.

'Hupsekee, deze kant op,' zegt hij.

Killian verstaat het geklets van de panter.

Maar voor de man moet het klinken als vreselijk gegrom.

Toch vindt de man het allemaal heel gewoon.

Als de panter een paar stapjes wegloopt, probeert de man

achter hem aan te gaan.

'O, blijf hier, lief katje, kom maar, kom maar,' zegt hij.

'Kom jij maar,' zegt de panter.

De panter loopt verder en de man blijft hem volgen.

'Wow, het werkt!' zegt Killian.

Hij kijkt om zich heen of hij Lorcan ergens ziet.

Het is niet makkelijk voor een grote draak om zich te verstoppen.

Eén boom is duidelijk groener dan de rest.

De bladeren bewegen op die plek ook anders.

En als ze erlangs lopen snuift de panter een paar keer.

'Er stinkt hier iets,' zegt hij.

'Iets wat nog viezer is dan die man hier.

Bah.

't Is een rare dag in de jungle.

Eerst die zilveren vroem, vroem vogel.

Toen jij, met je stinkman.

En nu ook nog een stinkdier.'

De panter staat even stil en snuffelt in de lucht.

'Bah.

Maar ik ga wel een katje zien!'

'Klopt,' zegt Killian.

'Het is een rare dag in de jungle.'

'Hela, hola, helemaal mee eens,' zegt de man zacht.

'Nog een klein stukje, stinkmeneer,' zegt de panter.

'Nog een klein stukje, meneer,' vertaalt Killian.

De meneer kijkt even naar hem en begint dan blij te lachen.

'Hé, een jongen!

Midden in de jungle.

Wat bijzonder.'

Dan kijkt hij naar de panter alsof hij het dier voor het eerst ziet.

'En jongen en een kat,' zegt hij verbaasd.

'Wat een grote kat.

Hé, kat, mag ik je eens aaien?

Hé, kat, waarom loop je nu weg?'

'Hij wil dat u hem vangt,' verzint Killian handig.

'Loop maar snel achter hem aan.'

'Goed idee,' zegt de man.

Hij gaat op handen en voeten staan en loopt als een kat

achter de panter aan.

Dit keer weet Killian zeker dat hij het goed hoort:

Lorcan lacht!

Ja, daar ziet hij de kop van Lorcan door de struiken heen steken.

Ach, de man is toch zo in de war dat hij niet meer weet

wat echt is.

Als hij een draak ziet, zal hij wel denken dat het een geitje is.

Of een geintje.

'We zijn er bijna, we zijn er bijna,' zingt de man ondertussen

zachtjes.

Hij kijkt om naar Killian.

'Als een kip een ei legt, moet je een liedje voor haar zingen,'

zegt hij.

'Dan komt er een kuikentje uit.'

Hij praat ernstig, alsof hij een groot geheim verklapt.

'Ik zal eraan denken,' belooft Killian.

Dan vangt Killian tussen de bomen door ineens een glimp op

van Gideon.

Als ze nog iets verder lopen, kan de man Gideon zien.

En Aleks en Skywender.

De panter aarzelt even voor hij verder loopt.

'Het stinkt hier nog veel erger,' zegt hij.

'Hoeveel van die stinkdieren zijn er?

Is er een heel nest stinkertjes uitgekomen?'

'Het spijt me,' zegt Killian.

'Ik ben een drakendokter en dat zijn mijn draken.

Katten vinden dat draken stinken.

Echt, sorry, ik had je moeten waarschuwen.'

'Pfff,' briest de panter.

'Ik had het kunnen weten.

Een jongen in de jungle die mijn taal spreekt.

Dat moet een drakendokter zijn.

Mijn moeder heeft me daarover verteld, toen ik nog een klein

pantertje was.

Aangenaam, drakendokter.

Mijn naam is Zwart.'

'Fijn je te ontmoeten, Zwart.

Ik ben Killian,' zegt Killian.

'En het spijt me dat ik je tussen al die draken zet.'

'Wat bijzonder, jongen en kat:

het is net alsof jullie praten,' giechelt de man.

'Maar dat klopt natuurlijk niet.

Het is mijn hoofd, hè.

Beetje gek geworden in de jungle.

Eerst zag ik mijn hond, nu zie ik jullie.

Mijn hoofd is gek geworden.'

Even kijkt de man heel droevig.

Killian heeft veel medelijden met de man.

Deze jungle is mooi, prachtig, zo bijzonder.

Maar als je er niet meer uit raakt, is hij gevaarlijk!

Deze arme woudloper is helemaal in de war geraakt.

En dan moet hij de man ook nog langs Aleks en Gideon

laten lopen.

Maar Killian krijgt wel een idee, door alle verwardheid

van de man.

'Meneer, het is straks net, alsof u ook een paar draken ziet,'

zegt hij.

'Maar die bestaan ook niet.

Als u wat water en voedsel heeft gehad, dan is het allemaal

weer weg.'

'Pfff,' zegt de man.

'Natuurlijk bestaan draken niet.

Dat weet toch iedereen?

Het ligt aan mij.

Ik ben een tikkeltje gek geworden in de jungle.

Weet ik best.

Hela .'

Killian voelt zich opgelucht, omdat de man bijna in veiligheid is.

Maar hij voelt zich ook bedroefd, omdat de man zo in de war is.

Voor hij de jungle in ging, was de helahola-man vast een heel

aardige en lieve man.

En nu is hij helemaal de kluts kwijt.

Dat is best zielig.

16. Nieuwe vrienden

Het lukt Killian om de man veilig langs Aleks en Gideon
te laten lopen.

Het is helemaal niet moeilijk.

Aleks en Gideon blijven van schrik helemaal stil staan,

als ze de man zien.

'Wow,' mompelt Gideon.

'Iep,' zegt Aleks.

Maar meer geluid maken ze niet.

De man ziet hen niet eens.

Hij zingt 'van je hela, hola' en gaat achter Zwart aan.

Maar dan, als ze er bijna zijn, gebeurt er iets onverwachts.

Pluis ziet Zwart.

Met een supersprong springt het katje van Gideons rug.

Hij zoeft als een flits op pootjes over de boomstammen.

Hij landt vlak voor Zwart.

'Wauw, mrauw!' zegt hij.

'Wat ben jij groot!

Wat voor kattenbrokken heb jij gegeten?'

Zwart blijft staan en bekijkt Pluis van top tot teen en van teen

tot top.

Daardoor botst de man bijna tegen de billen van Zwart aan.

De staart van Zwart zwiept langs zijn neus.

'Bah,' zegt de man.

'Die staart stinkt!'

'Kom maar, meneer,' zegt Killian snel.

'Nog een paar meter, dan zijn we bij het vlot.

Daar kunt u de rivier op.

Er vliegt hier een vliegtuig.

Zij zien u beslist, als u op de rivier drijft.'

'De rivier...' zegt de man.

'En een vlot.

Het is niet te geloven!

Ik ben gered!

Gered door een kat en een kind.'

'Nog niet helemaal gered,' zegt Killian.

'Maar wel bijna.

Als het vliegtuig u ziet, dan pikken ze u op.'

Dan bedenkt Killian dat de man uitgehongerd en uitgedroogd is.

Zo kan hij die arme man niet wegsturen!

Hij gebaart naar Aleks.

Aleks is een slim draakje, ze snapt meteen wat Killian wil.

Eten en drinken voor de man!

'Ik geef u wat eten en drinken mee,' zegt Killian.

'Denk erom dat u kleine hapjes en slokjes neemt.

Anders krijgt u buikpijn.'

Nu lijkt de man even een helder moment te krijgen.

Hij kijkt Killian recht aan.

'Dank je wel, jongen,' zegt hij.

'Jij en je panter, bedankt.

Ik red me nu wel.

Ja, zo moet het lukken.

De rivier.

Al die tijd was hij zo dichtbij...'

En dan begint de man ineens te huilen.

Killian zegt er maar niks van, want hij merkt wel dat de man
zelf niet weet dat hij huilt.

Aleks, die heel erg probeert te doen alsof ze geen draak is,
legt het voedsel op het vlot.

De man klimt erop en Killian en Aleks duwen het vlot weg.

De man zwaait nog een keer naar hen, maar de rivier neemt hem mee.

Al snel verdwijnt hij achter een bocht.

'Zou hij nu helemaal niet gezien hebben dat ik een draakje ben?' vraagt Aleks.

'Ik denk het niet,' zegt Killian.

'Die arme man is helemaal in de war geraakt door de honger, de dorst en de eenzaamheid.'

'Ik wilde dat we meer voor hem konden doen,' zegt Aleks.

Dat vindt Killian ook.

Het voelt niet goed om de man zo weg te laten drijven.

Hij kan van het vlot vallen.

Of misschien ziet de piloot van het vliegtuig hem niet.

Misschien is de man wel zo in de war, dat hij wil knuffelen met een kaaiman!

'We kunnen niet anders, Aleks en Killian,' zegt Gideon.

'Maar om je gerust te stellen: een paar kilometer stroomafwaarts is een kleine nederzetting.

Als de man daar aankomt, is hij ook gered.

Er is daar telefoon en een landingsplaats voor kleine vliegtuigen.'

'Wauw,' zegt Killian.

'Hoe weet je dat allemaal?'

'Ik heb even een verkenningstochtje gedaan,

toen jullie weg waren,' zegt Gideon.

'O, dank je,' zegt Killian en Gideon zwiept trots met zijn staart.

Dan klinkt er een ronkend gebrul door het woud.

'Afblijven!' betekent die brul.

'Zwart!' roept Killian.

Dat was hij bijna vergeten: Pluis en de panter!

Die gekke Pluis, die zomaar voor Zwart zijn neus sprong!

Die kleine Pluis danst om grote Zwart heen en probeert tegen

de staart van de panter te petsen.

Soms rent hij zelfs een zigzagje tussen de poten van de

panter door.

'Wat doe je!' roept Killian.

'Hou daar mee op!' eist Zwart.

'Mrauf,' zegt Pluis.

Hij staat nu onder Zwart en snuffelt aan de panter zijn buik.

'Oww, dat kietelt,' kreunt Zwart.

'Sorry!' zegt Pluis.

'Maar ik kan er niets aan doen.

Je ruikt zo grappig!'

'Grappig,' gromt de panter.

Hij vindt het duidelijk helemaal niet grappig dat hij grappig ruikt.

'Je ruikt naar tien katjes tegelijk!' zegt Pluis.

'Bijzonder katterig, mag ik wel zeggen.

En je staart is ook erg grappig.

Zo groot en slingerig.'

'Ik ben helemaal niet grappig of slingerig.

Ik ben een panter!' zegt Zwart boos.

Hij stapt weg, bij Pluis vandaan.

'Je poten zijn ook heel grappig,' zegt Pluis.

Zwart blaast door zijn neus.

Als een panter door zijn neus blaast, beeft het gras.

Maar Pluis trekt zich er niets van aan.

Hij brengt zijn neusje naar de neus van Zwart en snuffelt.

'Zelfs je kop is grappig!' zegt hij.

'Niet te geloven.

Wat zit jij ontzettend vol met poespas zeg!' zegt Zwart.

Gideon proest het uit.

'Dat zeg ik al jaren!' lacht hij.

Zwart draait zich om naar Killian.

'Is dat nou een katje?'

Killian knikt.

'Echt? Zijn alle katjes zo brutaal?' vraagt Zwart.

'Nou,' zegt Killian, 'deze is wel heel brutaal, hoor.'

'En nergens bang voor,' bromt Zwart.

'Dat moet ik dan toch wel mooi vinden.'

Hij snuffelt even aan de vacht van Pluis.

Pluis giechelt.

'Je kietelt,' zegt hij.

Hij petst met zijn poot tegen de lange snorharen van Zwart.

Zwart gaat er helemaal scheel van kijken.

Hij weet niet wat hij moet met zo'n klein, brutaal dingetje.

'Mag ik even op je rug?' vraagt Pluis.

'Eens kijken hoe het is, om zo groot te zijn?'

'Nou, vooruit dan maar,' bromt Zwart.

Hij probeert boos te kijken.

Maar Killian begrijpt de panter het allemaal eigenlijk

heel leuk vindt.

'Joepie,' roept Pluis.

Hij gebruikt de staart van Zwart als opstapje.

'Mijn staart is geen trap!' Zwart doet zijn ogen dicht van ergernis.

Maar hij grijnst ook een klein beetje.

'O, panter, jij hebt het maar mooi voor elkaar,'

zegt Pluis, als hij op de rug staat.

'Dit is zo lekker hoog!

Zullen we in een boom klimmen?

Dat kun jij vast heel goed, in zo'n boom klimmen.'

'Nou, vooruit dan maar,' bromt Zwart.

'Hou je wel vast, hè.

Ik haal je niet uit de struiken, als je van mijn rug af klettert.'

Voor Pluis antwoord geeft, springt Zwart weg.

Even voelt Killian een nare steek in zijn buik.

Als Zwart maar wel weer terugkomt met zijn Pluis!

Want Pluis is dan wel een poespasserige druktemaker,

Killian houdt veel van hem.

17. En nu... Skywenders hulp

Killian gaat op een boomstam naast de oude draak

Skywender zitten.

Hij kijkt Zwart na, die met Pluis op zijn rug razendsnel tussen

de takken verdwijnt.

In zijn oor hoort hij iets kraken en het volgende moment

hoort hij Michaels stem.

'Hallo, hallo, hallo Killian?'

'Michael?' vraagt Killian aarzelend.

'Hoera, hij doet het weer!' brult Michael.

Michael brult zo luid dat Killian bijna van de boomstam valt.

'Au!' zegt hij.

'Killian, hoor eens,' praat Michael verder.

'Ik heb je zoveel te vertellen.

We hebben het Drakenjournaal gevonden!

Het staat gewoon online, op een forum voor drakendokters.

Niet te geloven, hè!

O, en je oortelefoon doet het weer.

Maar dat wist je al.

Luister, ik lees het voor.

Dit is het medicijn voor de regeneratie van een Magische Draak.

'Wat zacht is en ook hard.

Wat jong is en toch oud.

Wat heel is en dan stuk.'

'Dat weten we al,' zegt Killian.

Hij legt zijn hand voorzichtig op de kop van Skywender.

De oude draak ligt helemaal stil, hij beweegt geen schubje.

Het is dat Killian hem hoort ademen, anders zou hij nog denken

dat de oude draak al dood is.

Hij is ook zo lang bezig geweest met de woudloper!

Of waren het maar een paar minuten?

Het is net of de tijd heel anders dan normaal gaat,

hier in de jungle.

'O, lekker dan,' zegt Michael.

'Dat had je wel even mogen zeggen.'

'Hoe dan?' vraagt Killian.

'O ja, dat is waar ook,' zegt Michael, 'dat kon niet.

Stom van me.'

'Heb je ook verder gezocht?' vraagt Killian.

'Staat er iets over in de Drakenalmanak?

Ik moet weten wat het betekent!

Anders kan ik Skywender niet helpen.'

'Dat snap ik,' zegt Michael.

'We werken er hard aan.

Mam leest de Drakenalmanak.

En ik zoek in de online editie van het Drakenjournaal.'

'Mijn ei!' roept Aleks dan.

'Het wiebelt weer!

En het krakt en het kraakt.

Mijn kleine draakje komt eraan.

O, jongens!

Ik krijg een klein, zacht fluffig lief, knuffel, piepgloednieuw draakje!'

'Ik kom eraan,' zegt Killian.

'Het is zover, Killian,' zegt Gideon.

'De harde schaal van het ei breekt.'

'Oh, Killian, ik heb het,' zegt Michael in Killian zijn oor.

'Killian, je hebt een ei nodig.

Een onuitgekomen drakenei!

Lieve help, hoe kom je nou zo snel aan een vers drakenei?'

'Een ei...' herhaalt Killian.

'Een drakenei.

We hebben hier een onuitgekomen drakenei.'

'Echt waar?' roept Michael in Killian zijn oor.

'Nou, dan heb je wel ongelooflijk veel geluk.

Zeldzaam hoor, drakeneieren.'

'Helemaal geen geluk,' mompelt Killian.

Hij krijgt het warm en koud tegelijk.

Want wat hij weet... is vreselijk.

'Ik weet wat zacht is en ook hard,' zegt Killian.

'Wat oud is en ook jong.

Wat heel is en dan stuk.'

Gideon kijkt Killian lang aan.

Zijn ogen kijken ernstig en droevig.

Killian kijkt naar Aleks, die op de rug van Gideon ziet en haar ei wiegt.

Aleks haar grote ogen worden nog groter.

'O nee,' zegt ze meteen.

'Dat mag niet.

Jullie kunnen niet mijn babydraakje aan Skywender geven.'

Ze slaat haar pootjes beschermend om het ei heen.

Haar ogen lopen vol met dikke tranen.

Ze kijkt bedroefder dan een draak ooit keek.

'Dat mag niet.

Dat mogen jullie niet van me vragen!' zegt ze.

'Dit draakje is mijn kindje en ik hou heel veel van hem.

Het spijt me, Skywender.

Het spijt me echt.'

De oude draak ligt roerloos stil.

Zijn ogen zijn nog dicht.

Niets wijst erop dat hij het gesprek hoort.

'Aleks?

Waar heb je het over?' vraagt Killian.

Maar Aleks luistert niet naar Aleks.

Ze heeft haar pootjes om het ei heen geslagen, om het te

beschermen

'Wat een ramp, wat een ramp,' zegt ze.

'Ik kan Skywender niet in de steek laten.

Maar ik hou zo van mijn lieve babydraakje!

Ook al heb ik hem nog nooit gezien.

O, wat moet ik nou?

Wat moet ik nou?'

En dan barst ze in tranen uit.

Killian en Gideon kijken vol medelijden naar kleine Aleks.

Lorcan doet een stapje naar Aleks toe om haar te troosten.

Maar Aleks doet snel een stap achteruit met het ei stevig in

haar armen.

'Afblijven,' snikt ze.

Dan ploft Zwart uit de boom, met Pluis op zijn rug.

'Ik kom ook weer net op tijd terug hè, gekke Aleks,' zegt Pluis kittig.

'Stelletje dommeriken.

Het medicijn kan toch geen babydraakje zijn?

Dat klopt toch helemaal niet met de spreuk?'

'Nou, wel,' snuft Aleks.

'Babydraakjes hebben een zacht vachtje.

En daaronder zijn ze hard en sterk.

Een babydraak is jong, want hij is net uit het ei.

Maar hij is ook oud, want draken bestaan al heel lang.'

En hij is heel, want alles zit erop en eraan.'

Aleks begint weer te huilen.

'En als ie opgegeten, dan is ie stu – hu – hu – uk!'

'Killian!' roept Michael door het oortje.

'Is het ei van Aleks?

Is dat Aleks, die zo huilt?

Maar dat hoeft toch helemaal niet!

Eerst heel en dan stuk? '

'Ohh, ik snap het al!' zegt Killian.

Hij slaat met zijn hand tegen zijn voorhoofd.

'O, wat ben ik een oen.

Dank je wel, Michael.

Aleks, gaat niet om het babydraakje!'

'Hèhè,' zegt Pluis.

'Zie je wel, Zwart, dat ik ze altijd in de gaten moet houden?

Zonder mij maken die gekke draken de raarste fouten.

Gelukkig snapt Killian het nu helemaal.

Kom op, Killian, redt iedereen maar!

Jij bent de drakendokter.

Kom op, Zwart, doen wij nog een rondje?'

'Brauww, fijn plan,' zegt Zwart en hij springt er vandoor met

Pluis op zijn rug.

'O, Aleks!' zegt Killian.

'Sorry dat ik je zo liet schrikken.

Maar komt echt helemaal goed!'

'Nee,' jammert Aleks.

'Het komt helemaal niet goed.

O, mijn arme draakje.'

'Aleks, Aleks, Aleks,' zegt Killian.

'Toe, sus nou, stil eens, luister naar me.

Wat heel is en dan stuk, zegt het versje!

Babydraakjes zijn toch niet stuk?

Snap je het dan niet?

Snap je niet waar we het over hebben?'

'Ik snap het best,' snuft Aleks.

'Zodra Skywender op mijn kindje kauwt, is hij stuk!

Eerst heel en dan stuk!'

Nu begint ze past echt heel hard te huilen.

Killian gaat snel naar Aleks toe en omhelst zijn drakenvriendinnetje.

Hij voelt hoe Aleks haar ei nog wat steviger vastklemt.

Nog even en het breekt tussen haar pootjes.

'Aleks, luisteren nu,' zegt hij streng.

En hij pets Aleks een paar keer flink op haar koppie.

Want draken voelen het niet, als je ze zachtjes aait.

'Pak hem niet af,' snikt Aleks.

'Lieve, kleine Aleks,' zegt Killian.

'Je hoeft je ei niet af te geven.

Het gaat niet om jouw schattige babydraakje.

Het gaat om de schaal!

De schaal van het ei.

We moeten Skywender stukjes geven van een drakenei!'

18. Drakenbaby!

'Kop op, Aleks,' zegt Killian.

'Niet verdrietig zijn.

Niemand wil jouw babydraakje kwaad doen.

Het gaat om de schaal van het ei.

Dat moeten we aan Skywender geven.'

'Snuf?' zegt Aleks.

'Ja!' zegt Killian vastberaden.

'Het ei is zacht aan de binnenkant en hard aan de buitenkant.

Het is jong, want er zit een baby in.

Maar het is ook oud, want draken bestaan al heel lang.

Het ei is heel, voor je draakje geboren wordt.

En daarna is het kapot.

Het klopt helemaal, Aleks, het gaat om je ei.'

'Wauw,' zegt Aleks.

Ze gaat al een klein beetje blijer kijken.

'Denk je dat echt?

Denk je echt dat het om het ei gaat?'

Killian tikt tegen het dopje in zijn oor.

'Michael, heb je dat allemaal gehoord?

Klopt het?

Is het ei de oplossing?'

'Jazeker,' zegt Killians moeder door het oortje.

'De schaal van een drakenei bevat ontzettend veel magie.

Een flesje verpulverd drakenei-schaal is meer waard dan platina

en goud.'

Aleks schuifelt ongeduldig heen en weer.

'Stil maar Aleks,' zegt Killian.

'Je hoeft niet bang te zijn.

Je baby is veilig.

Zelfs als ik ongelijk heb.

Dan vinden we wel een andere oplossing.

Niemand gaat jouw babydraak opeten.'

'Ja, nou, maar... ohh,' begint Aleks.

Ze krijgt weer een heel bedroefde uitdrukking op haar koppie.

'Ik weet niet wanneer het ei uitkomt!

Zelfs als de eerste barst in de schaal zit,

kan het nog dagen duren.

Het is een drakenei, hè.

Zo'n draakje komt er pas uit als hij klaar is én zin heeft.'

En weer begint Aleks vreselijk te huilen.

'O, we moeten haar troosten,' zegt Lorcan.

'Jongens, hoe kunnen we haar troosten?'

'Niets kan me troosten,' snuft en snikt Aleks.

'Ik wacht al jaaaaaren op mijn baby.

Ik wil mijn baby!'

'Hoor eens, Killian!' toetert Michael in Killians oor.

'Zo'n eerste barst in de schaal zegt nog niet veel.

Er zijn gevallen bekend, waarin draakjes nog drie jaar in het ei
bleven, na de eerste barst.'

'Drie jaar?

Maar daar hebben we geen tijd voor,' stamelt Killian.

'Skywender is vreselijk ziek, zijn vel is al haast helemaal wit!'

'Nee, daar heb je geen tijd voor,' zegt Michael.

'Als het wit volledig is, dan is Skywender dood.'

'Maar als we nu het ei openbreken, dan gaat mijn draakje toch
nog dood,' zegt Aleks.

'Je kunt een draakje niet zomaar uit het ei halen,

hij moet helemaal klaar zijn.

Anders overleeft hij het niet.'

Ze gaat met haar ei op de grond zitten en geeft er kleine,

zachte klopjes op.

Ze ziet er volkomen hulpeloos en hopeloos uit.

'Er gaat iemand dood vandaag.

De grootste, Magische Draak die er ooit was.

Of mijn lieve kleintje,' zegt ze.

'Vraag me niet te kiezen, Killian.

Vraag dat niet van me.'

Arme Aleks.

Ze kan niet eens meer huilen, zo verdrietig is ze.

Lorcan huilt wel, heel luid.

'Zei Aleks nou: Magische Draak?'

vraagt mama in het oortje van Killian.

'Ja,' zegt Killian.

Meer kan hij niet zeggen.

Er zit een brok in zijn keel.

Maar Killian wil niet huilen.

De draken rekenen op hem.

Hij is de drakendokter.

Precies op dat moment klinkt er een akelige piep in het oordopje.

'Michael!' roept Killian.

'Wat moet ik doen?

Michael!'

Maar niemand geeft antwoord.

De verbinding is weer verbroken.

'Kon ik dat oordopje maar gerepareerd toveren,'

mompelt Killian.

Hij kijkt naar Skywender.

En dan naar het ei, waar Aleks zich aan vastklemt.

Dikke drakentranen glijden over Aleks haar snuitje.

'Kon ik Aleks maar gelukkig toveren,' mompelt Killian.

En weer klikken al zijn gedachten zomaar naar het

juiste antwoord.

Een Magische Draak, een toverspreuk, een ei…

'Skywender!' roept Killian.

Hij rent naar de oude draak toe.

Hij rent zo snel, dat hij haast over zijn eigen voeten struikelt.

Het laatste stukje glijdt hij door de natte ondergrond.

'Skywender, wordt wakker,' roept hij.

'Nog één tover, Skywender.

Ik heb nog één magische toverdaad van je nodig!

Skywender, doe je ogen open!'

Het duurt even, het duurt zelfs best lang,

akelig lange seconden.

Killian krijgt er buikpijn van.

Er moet nog één toverspreuk in Skywender zitten.

Hij moet nog één keer zijn ogen open doen.

Nog één keer een paar woorden zeggen.

De juiste woorden.

Het moet lukken, het moet!

Dan ziet hij dat Sywenders oogleden trillen.

De oude draak is te moe om zijn ogen open te doen.

Maar hij is wel wakker!

'Skywender...' zegt Killian.

'Het ei moet uitkomen.

Het ei van Aleks.

Met de schaal kunnen we je redden.

Maar eerst moet het babydraakje eruit.'

Skywender doet zijn bek een heel klein beetje open.

Killian moet zijn oor vlak bij de tanden van de draak houden om

te horen wat hij zegt.

'Wat niet klaar is, is niet klaar,' zegt Skywender.

'Eerst moet het kraken, dan pas mag het breken.'

'Het heeft al gekraakt, Skywender.

Er zit een barst in het ei.

Maar om jou en het draakje te redden, moet het ei nu helemaal

uitkomen.

Alsjeblieft, zeg dat je nog een klein beetje tover in je staart hebt!'

'Is er een ei?

Een ei dat haast uitkomt?

Een ei waar het eerste krakje al in zit?' vraagt Skywender.

Hij tilt zowaar zijn kop een paar centimeter op.

'Dat is een wonder.

Laat het me zien!'

Skywenders stem klinkt meteen anders: luid, krachtig en duidelijk.

De woorden donderen door het bos.

19. Drakenei

Plotseling begint Skywender te spreken.

Zijn stem, die eerst zo zacht en ziek was, galmt en dondert

nu door de jungle.

'Laat me het ei zien,' beveelt hij.

Plof, bonk, daar zijn Zwart en Pluis ook weer.

'Wat is er?' vraagt Pluis.

'Waarom praat Skywender met zo'n donderstem?

En waarom zit Aleks haar ei te knuffelen?

O, en ze huilt ook nog steeds.

Ach toch.

Waarom is dat?'

'Ik wil mijn ei niet aan Skywender laten zien,' snuft Aleks.

'Nou moe?' zegt Pluis.

'Hebben jullie nou nog niet uitgelegd, dat Skywender alleen

de eierscháál nodig heeft?'

Pluis houdt zijn kopje scheef en kijkt Killian ernstig aan.

'Dat heb je toch wel uitgelegd, Killian?'

'Aleks is bang, dat het ei te snel open moet,' zegt Gideon.

'En dan gaat haar babydraakje toch nog dood.'

Pluis springt van Zwarts rug af en loopt naar Aleks toe.

Hij zet zijn pootjes op de schoot van Aleks en snuffelt even

aan haar neus.

'Vertrouw maar op Killian,' zegt hij.

'Hij lost altijd alles op.

Let maar op.

Laat je ei maar zien aan Skywender.'

Hij geeft Aleks nog een kopje, al weet hij best dat een draak

zoiets zachts niet voelt.

Dus geeft hij Aleks ook nog een maar een flinke zwiep met

zijn staart.

'Ik loop met je mee,' belooft hij haar.

'En als iemand een pootje uitsteekt naar je ei of je draakje,

oei, nou!

Dan krabbel ik ze helemaal open.

Van boven tot beneden.

Van je kris!

Kras!

Kros!

En Zwart komt me helpen, toch Zwart?

Hij heeft echt heel grote nagels!

Heel groot! Indrukwekkend.'

'O ja, ik help wel,' bromt Zwart.

'Kris. Kras. KROS.'

'Ik blijf ook dicht bij je, Aleks,' belooft Lorcan.

'En ik ook,' zegt Gideon.

'Met zoveel Protection Dragons bij elkaar, kan er niets gebeuren.'

'Aleks, je ei aan Skywender laten zien kan geen kwaad,'

zegt Killian.

'We moeten ergens beginnen, met het oplossen van

dit probleem.'

Heel langzaam schuifelt Aleks naar voren,

met het ei in haar pootjes.

Ze loopt door tot ze vlakbij Skywender is.

De oude draak krijgt het net voor elkaar om een oogje

open te doen.

'Een drakenei,' zegt hij.

'Het is echt waar.

En er zit een barst in?'

'Ja,' zegt Aleks.

Ze draait het ei om, zodat de barst in de eierschaal

goed zichtbaar is.

'O ja, ja,' zegt Skywender.

Zijn stem wordt steeds krachtiger.

En hij doet nu ook zijn andere oog open.

'Jullie hebben gelijk,' zegt hij

'Dat draakje is klaar voor de wereld.

En dan word ik weer jong.

'Hoe is het mogelijk, hoe is het toch mogelijk.

Dat er zomaar, hier, in de jungle, een drakenei is dat op

uitkomen staat.

Daarop had ik in mijn wildste dromen niet durven hopen.

Je bent een ware drakendokter, Killian.'

'Nou, dat valt wel mee,' zegt Killian.

'Geluk, toeval.

Dat soort dingen.'

'Alleen een ware drakendokter heeft zoveel geluk,'

zegt Skywender raadselachtig.

'Maar mijn draakje dan?' vraagt Aleks.

'Komt dat wel goed?'

'Jouw draakje is klaar om geboren te worden.

Ik geef hem alleen een zetje,' zegt Skywender.

Hij praat duidelijk en heft zelfs zijn kop,

zodat hij Aleks aan kan kijken.

Het vooruitzicht op nieuw leven geeft de oude draak duidelijk

superkrachten.

'O, vooruit dan maar,' zegt Aleks.

Maar ze kijkt er niet blij bij.

Erger, ze kijkt alsof ze moet spugen.

En als draken moeten spugen, spugen ze niet alleen hun eten uit.

'O jee, daar begint het al,' zegt Pluis, die een paar stapjes

achteruit doet.

Een paar kleine vonken ontsnappen uit Aleks haar bekje.

'Oeps,' zegt ze.

Dan ontsnappen er een paar grotere vonken uit haar bek.

En dan een hele straal.

'Zoek dekking!' roept Pluis.

'Oeps! Ieps!' roept Aleks als ze ziet dat ze een boomstam

in brand gestoken heeft.

'Ow, vervelende draken!' zegt Zwart.

'Niks dan narigheid met draken.

Blus dat vuur, blus dat!

Straks staat het woud in brand.

Het hele woud, zeg ik!'

Skywender ademt uit.

Meer doet hij niet.

Maar uit zijn bek komt een koude, vochtige bries, die het vuur
van Aleks dooft.

'Pfff,' zegt Pluis, 'dat scheelde niks of de hele boel brandde als
een haardvuurtje.'

'Stil maar, kleine sneeuwdraak, ik bescherm je babydraakje,'
zegt Skywender tegen Aleks.

'Doe het snel, Skywender,' zegt Gideon.

'De spanning wordt Aleks teveel.'

'Goed dan,' zegt Skywender.

'Hou je vast.'

De oude draak heft niet alleen zijn kop, hij leunt ook op zijn
voorpoten.

'Witte kap, laat je doorboren.

Zo worden draakjes vandaag geboren,' zegt hij plechtig.

Iedereen wacht in spanning af wat Skywender nog meer
zal zeggen.

Maar de oude draak knikt en gaat weer liggen.

'Is dat alles?' vraagt Pluis teleurgesteld.

Maar Aleks buigt zich naar haar ei.

Killian en Gideon buigen zich ook over het ei.

Zelfs Zwart sluipt naar het ei toe.

En dan springt iedereen weer achteruit.

Want het ei begint te wiebelen en te wobbelen.

Te schudden en te shaken.

Te krakken en te kraken.

En dan…

Plof, één draakje.

Plof, nog een draakje.

Poef, nóg een draakje!

'Drie?' roept Aleks.

'Drie draakjes!' roept Gideon.

'Het is een drieling!' roept Lorcan.

'Oeps,' zegt Skywender.

'Ik heb een beetje te enthousiast getoverd.

Dat was mijn aller, allerlaatste beetje drakenmacht…'

En dan valt de grote draak flauw.

20. Hatsjoe!

'Drie draakjes!' roept Gideon.

'Het is een drieling!' roept Lorcan.

'Jongens, de scherven van de eierschaal, vlug!' roept Killian.

Hij kijkt achterom naar Skywender.

De oude draak ligt roerloos.

Er zit nog maar een heel klein beetje kleur op zijn vel.

Al dat getover heeft hem zijn laatste krachten gekost.

Killian denkt niet na over de kriebelbeestjes of over de modder

onder zijn knieën.

Hij kruipt rond en begint de stukken schaal te verzamelen.

Telkens als hij een handvol scherven heeft, houdt hij die

voor aan Skywender.

En Skywender likt ze telkens moeizaam van Killian zijn hand.

'Etshoe!' niest het eerste draakje.

Een complete regen van vonkjes vliegt uit zijn neusje.

'Huh?' zegt het draakje.

Hij probeert achteruit te lopen, bij de vonkjes vandaan.

Oeps, het kleine draakje struikelt over zijn eigen staart.

Boem, daar ligt hij op zijn billen.

Aleks tilt het draakje snel op en knuffelt hem.

'Atsjoe!' niest het tweede draakje.

Ook uit zijn snuitje stuift een vonkenregentje.

'Oef!' zegt het draakje geschrokken.

Hij kijkt zo beduusd naar zijn neus, dat hij wankelt en ook omvalt!

Zo op zijn snuitje.

'O, helpie,' roept Aleks, die haar pootjes al vol heeft met het

eerste draakje.

'Ik heb hem,' zegt Gideon.

Hij raapt het babydraakje op en houdt het tegen zich aan.

'Itshoe,' niest het derde draakje.

Een hele regen van vonkjes danst voor hem uit.

'Itshoe, Itshoe, Itshoe,' niest het draakje.

En bij elke 'Itshoe' hupst hij wel een halve meter naar achteren.

En dan, ja hoor, verliest hij ook zijn evenwicht.

Boem, zo op zijn billen.

'Itshoe,' zegt hij zielig.

'Itshoe, Itshoe.'

'Killian!' roept Aleks.

'Alsjeblieft, pak hem op.

Snel, voor hij nog eens niest!

Hij moet geknuffeld worden!'

Snel raapt Killian nog wat scherven van het ei op.

Hij geeft ze aan Skywender, die ze gelukkig snel opslobbert.

Dan maakt Killian een snoekduik naar het derde draakje.

Precies voor het diertje opnieuw niest, slaat Killian zijn armen om

hem heen.

Het draakje is klein en zacht en warm en knuffelt zichzelf direct

tegen Killian aan.

Hij maakt kleine, zachte geluidjes: 'Ie, ie, ie.'

Killian is meteen verliefd op het kleine draakje.

Met het kleine Itshoe-draakje lekker warm in zijn armen draait

hij zich om naar Skywender.

Als hij Skywender nu maar genoeg scherven heeft gegeven.

De spreuk heeft gewerkt.

De babydraakjes zijn veilig.

Maar Skywender is zo stil als een kapotte computer.

Even denkt Killian dat alles is mislukt.

Dat ze toch te laat waren.

Skywender ligt weer net zo roerloos op de modderige grond

als eerst.

Maar dan trilt de lucht.

De aarde schudt.

De aarde beeft met een luid gerommel.

'Hou je vast!' roept Aleks.

'En wat je ook doet, houd de draakjes vast!'

'O, wie houdt mij vast?' roept Pluis.

'O, wie houdt mij vast?' roept Zwart.

'Glip in mijn zadeltassen!' roept Gideon.

'Jij ook Zwart.

En jij ook, Aleks.

Maar wees snel, want ik maak me groter, om Killian

te beschermen!'

Pluis rent meteen langs Gideons rug omhoog,

naar de linkerzadeltas.

'Daar pas ik toch nooit in,' roept Zwart.

'Daar zul je van staan te kijken,' roept Pluis terug.

Hij springt omhoog over de rug van Gideon en glipt

in de zadeltas.

Een donderklap, een bliksemschicht.

De bodem schudt, de bomen schudden.

'Kom nou, Zwart!' roept Pluis.

Zwart klimt omhoog over de hoge rug van Gideon en holt

naar de zadeltassen.

'Het is veel groter aan de binnenkant!' roept hij verbaasd,

als hij de tas in floept.

'Nee joh, jij wordt kleiner,' zegt Pluis.

Hij klautert omhoog zodat hij over het randje kan kijken.

Omdat Gideon steeds groter wordt, ziet Pluis steeds meer

van de jungle.

Gideon wordt zo groot, dat Killian onder hem kan schuilen.

En dat is nodig ook!

Het woud blijft trillen en schudden.

Bladeren en takken vallen naar beneden.

Apen krijsen en vogels gillen.

Want Skywender wordt groter en groter.

Cirkels rood en blauw licht flitsen om hem heen.

Killian klemt zijn kleine draakje stevig tegen zich aan.

Het diertje trilt in zijn armen.

'Iep, iep,' zegt het draakje.

Hij verstopt zijn kopje tegen Killians borst.

Skywender gaat staan en slaat zijn vleugels uit.

De oude draak is nu groter dan een huis.

Het rode en blauwe licht spat van hem af.

Het licht wordt steeds helderder.

Het gerommel in het woud wordt steeds luider.

De grond schudt steeds heviger.

En dan klapt het licht in een grote, verblindende paarse vuurbal

uit elkaar.

Killian moet zijn ogen dichtknijpen, zo fel is het.

En als hij zijn ogen weer open doet, staat Skywender voor hem.

Zijn schubben hebben de prachtigste kleur paars die Killian ooit

gezien heeft.

Zijn vleugels schitteren.

En deze draak stinkt niet, hij ruikt heerlijk.

Naar melk met honing.

Naar verse koekjes.

Naar chocolademelk met room.

'Ohhh, wat is die draak groot!' roept Pluisje.

'Iep, iep,' zegt Itshoe in Killians armen.

'Iep, iep,' zeggen de andere draakjes.

'Het is gelukt,' zucht Killian.

'Het is helemaal gelukt.

Je bent weer jong, Skywender.'

'Ik sta voor eeuwig bij je in het krijt, kleine drakendokter,'

zegt Skywender.

'Huh?' zegt Pluis.

'Krijt?'

Skywender kijkt op naar Pluis en glimlacht.

'Dat betekent dat Killian me altijd mag roepen,

als hij me nodig heeft.'

Skywender tilt zijn poot op en houdt die boven Killians hoofd.

Een paar glinsterende paarse draadjes dalen neer op

Killians hoofd.

Een draadje daalt wat verder en blijft op Killians arm liggen.

'Nu zal ik het altijd horen, als je mijn naam roept,'

zegt Skywender.

'En als ik kan komen, dan kom ik.

Altijd.'

Killian weet niet wat hij moet zeggen.

Wat een cadeau!

Hij kijkt naar het paarse, glinsterende draadje op zijn arm.

Het draadje licht een tel helder op en verdwijnt dan.

Maar Killian voelt dat het nu in hem zit: een klein beetje magie.

21. Een magische draak

Killian, Gideon en Aleks staan op de oever van de rivier.

Pluis wilde nog een laatste rondje rijden, op de rug van Zwart.

Om afscheid te nemen van het oerwoud, zei hij.

Killian draagt het draakje dat ze Itshoe hebben genoemd.

Gideon draagt het draakje dat ze Atshoe hebben genoemd.

En Aleks houdt Etshoe dicht tegen zich aan.

Skywender en Lorcan zijn zojuist weggevlogen, over de rivier

en toen hoger en hoger.

Tot ze niet meer waren dan stipjes in de verte.

Maar Killian weet dat hij Skywender altijd mag roepen,

als hij hulp nodig heeft.

'Kijk, het vliegtuig,' wijst Aleks.

'Gelukkig, dan is de helahola-man vast gered', zegt Killian.

'Niet slecht voor een dagje werk,' zegt Gideon.

'Een Magische Draak gered.

Een helahola-man gered.

Drie babydraakjes gered.

En Pluis heeft een nieuwe vriend gevonden.

Je hebt het goed gedaan, Killian.'

'Ja, en dat alles zelfs zonder een enkel toverdrankje,' zegt Aleks.

'Ik vind het knap.'

'Ik heb goede vrienden,' zegt Killian.

'En ik had geluk.'

'Alleen een ware drakendokter heeft zoveel geluk,' zegt Gideon.

'Dat zei Skywender ook al,' zegt Killian.

'Maar eigenlijk kwam het allemaal door Aleks.

Jij, kleine sneeuwdraak, bent de held van de dag.'

'Wat doen we nu met de babydraakjes?' vraagt Gideon.

Het draakje in Killians armen draait zich lekker om,

zegt iep en valt dan zo in slaap.

'Ach, ze zijn zo schattig!' zegt Killian.

'Kijk eens hoe lief Itshoe slaapt!

En blijft hij zo zacht, Aleks?'

'Hij wordt net zo zacht en wollig als ik,' zegt Aleks.

'Zijn vader is ook een sneeuwdraakje.'

Killian aait het draakje over zijn buikje.

In zijn slaap maakt het diertje een klein geluidje.

Hij klemt zijn pootjes om Killians arm en zucht diep.

'Ah, kijk nou, hoe schattig!' zegt Killian.

'Je moet het hem wel vertellen, Aleks,' zegt Gideon.

'Wat? Wat moet Aleks me vertellen?' vraagt Killian.

'Maar als hij nou niet wil?' vraagt Aleks aan Gideon.

'Daar is het al te laat voor,' zegt Gideon.

'En kijk nou eens hoe lief Killian het draakje vindt.

Dat komt echt wel goed.'

'Wat, Aleks, wat moet je vertellen?' vraagt Killian.

Hij kijkt Gideon en Aleks om de beurt aan.

'Sneeuwdraakjes hebben bijzondere gewoontes,'

begint Gideon.

'Ja, je moet weten: kleine sneeuwdraakjes hechten zich aan

de eerste die hen vasthoudt,' zegt Aleks.

'Etshoe hechtte zich aan mij.

Atshoe hechtte zich aan Gideon.'

'En Itshoe heeft zich aan jou gehecht, Killian,' zegt Gideon.

'Ja, Itshoe weet dat ik zijn moeder ben.

Maar hij denkt dat jij zijn vadertje bent,' knikt Aleks.

'Nee, echt?' zegt Killian.

'Zie je wel? Zie je wel?' roept Aleks uit.

'Hij wil niet.

Een hele draak om voor te zorgen!

Dat kan je toch ook niet vragen aan zo'n belangrijke

drakendokter als Killian.

Hij heeft wel wat meer te doen.

Nee, ik zorg zelf wel voor Itshoe.

Hoe lastig het ook is, een drakenmeerling.'

'Waarom zou het niet kunnen,' zegt Gideon.

'Je moet ook al voor Etshoe en Atshoe zorgen.

Stop toch eens met overal problemen te zien.'

Killian luistert bijna niet naar Aleks en Gideon.

Hij kijkt naar het lieve, kleine draakje in zijn armen.

Itshoe heeft kleine vleugeltjes.

En grote ogen.

De stekels op zijn staart zijn nog helemaal zacht.

Zijn vachtje is nog zachter.

Killian duwt zijn neus even tegen het vachtje aan en snuift.

Itshoe maakt een tevreden geluidje in zijn slaap.

Killian vindt dat Itshoe net zo ruikt als Skywender.

Naar warme melk met honing.

En naar verse koekjes.

En chocolademelk met room.

Tja, tenslotte heeft Skywender niet één, maar drie draakjes uit

het ei getoverd.

Killian zucht en geeft Itshoe een klein kusje.

Het is een grote verantwoordelijkheid, voor een draakje zorgen.

En zijn andere kat, Netty, die toch al vindt dat alle draken stinken?

Zal ze ook vinden dat het lekkere vachtje van Itshoe stinkt?

En naar tegen hem doen?

Hem petsen met haar pootje?

Maar eigenlijk maakt dat niet uit.

Killian weet zeker dat hij voor elk probleem een oplossing

zal vinden.

Want Killian vindt Itshoe geweldig!

Een kleine sneeuwdraak, helemaal alleen voor hem.

Een draakje om mee te spelen en te knuffelen en om

allerlei dingen aan te leren.

'Kijk dan, Aleks,' zegt Gideon.

'Killian houdt nu al van Itshoe.

Wat er ook gaat gebeuren, die twee redden het samen wel.'

'Absoluut,' knikt Killian.

Hij knuffelt Itshoe nog eens extra.

Pluis komt terug met Zwart en de twee katten nemen afscheid.

'Ik kom je opzoeken, Zwart,' belooft Pluis.

'Als Gideon me tenminste even wil brengen, dan?'

'Doe geen moeite,' zegt Zwart nukkig.

Maar Killian heeft allang door, dat Zwart hij het erg leuk zou

vinden om Pluis eens te zien.

'Ach, geen probleem, ik vlieg wel een keertje heen en weer,'

zegt Gideon.

'Ik snuffel even aan je, Zwart, dan kan ik je goed terugvinden.'

De snorharen van Zwart krullen op, zo erg vindt hij het om dicht

bij Gideon te zijn.

'Je stinkt, draak,' zegt hij.

Maar hij blijft wel staan en laat aan zich snuffelen.

'Ja, genoeg, nu kan ik je altijd vinden,' zegt Gideon.

'En nou wil ik naar huis.

Ik mis mijn grot bij de zee.

En de draakjes moeten hun nieuwe huis leren kennen.'

Dus klimmen ze allemaal op de rug van Gideon.

Aleks, Etshoe en Atshoe gaan in de ene zadeltas.

Pluis, die doodmoe is van alle avonturen, kruipt in de ander.

Gapend kondigt hij aan dat hij echt even moet slapen.

'Anders kan ik Netty niet pesten, als we terug zijn,' verklaart hij.

Killian gaat op het zadel zitten.

Hij denkt er even over na om Itshoe bij Aleks in de zadeltas

te doen.

Hij moet er toch niet aan denken dat hij het babydraakje

laat vallen!

Maar als hij het draakje voorzichtig weg wil leggen,

begint het diertje luid te piepen.

'Ie, ie, ie,' zegt hij.

'Hou hem maar vast, Killian!' zegt Aleks.

'Anders heb je kans dat hij uit de tas klautert om bij je

te kunnen zijn.'

Killian legt kleine Itshoe voor zich, tussen zijn benen.

Zijn ene hand legt hij op het drakenlijfje.

En met de andere houdt hij zich vast aan de knop

van Gideons zadel.

'Ik zal voorzichtig vliegen,' belooft Gideon.

En daar gaan ze.

De lucht in, op weg naar nieuwe avonturen.

22. Itshoe

'Een draak,' zegt Netty.

'Een babydraak,' verbetert Pluis.

'Het blijft een draak,' zegt Netty.

'Zeur niet zo!

Hij stinkt niet eens, hij ruikt naar melk,' purt Pluis.

'Je ruikt zelf naar melk,' snuift Netty.

'Dat is niet eens erg!' giechelt Pluis.

'Je wordt minder grappig, Netty.'

'Ik ben ook helemaal niet grappig,' zegt Netty boos.

'Kibbelen jullie even lekker verder, Netty en Pluis,' zegt Killian.

Hij legt Itshoe in een lekker bedje.

Daar mag het kleine draakje heerlijk uitrusten van alle avonturen.

'Michael, hoe is het in het laboratorium?' vraagt hij dan.

'Heb je alles goed in de gaten gehouden?'

'Ja, alles is in orde,' zegt Michael.

'Ik heb zelfs je platinumdrankje op tijd geschud.

Hoewel ik het bijna vergat, toen de verbinding werd verbroken.'

'Hebben jullie nog ontdekt hoe dat kon gebeuren?'

vraagt Killian.

'Nee,' zegt Michael.

'Maar ik word er helemaal gek van.

Ik kan er echt niet tegen als mijn computerdingen

niet goed werken.

Zeg, wat doet dat platinumdrankje eigenlijk, als het klaar is?'

Killian woelt eens door zijn haren.

'Ik heb een recept gevolgd uit de almanak.

Als het goed is, is het een Spraakwater-potion.

Voor draken die niet uit hun woorden komen, als ze over hun

problemen moeten vertellen.

Maar dat weet ik pas zeker als ik het gebruik.

En ik heb nog niet bedacht, hoe ik het moet testen.'

'Test je het toch op Netty?' stelt Pluis voor.

'Ik wil haar wel eens horen spraakwateren.'

Het katje danst vrolijk achter Michael en Killian aan.

Dan maakt hij een supersprong van schrik.

'Wat is dat nou voor raars?' roept hij uit.

'Raar? Waar?' vraagt Killian.

'Daar, in de tuin, die steen!'

Pluis gaat met zijn voorpootjes tegen het glas van de

schuifdeuren staan.

'Die steen bewoog!

Brrr!'

Killian loopt naar het raam en kijkt eens goed.

Dan begint hij te lachen.

'Dat is helemaal geen steen, Pluis!

Dat is een schildpadje.

Kijk maar!'

'Waarom zit er een schilpadje in onze tuin?' vraagt Michael.

'Geen idee,' zegt Killian.

'Maar wel leuk voor Itshoe, als die weer wakker is.

Kan hij schildpadje rijden.'

'Ik weet niet of de schildpad dat wel goed vindt, Killian,'

zegt mama.

'En we moeten hem aanmelden bij de dieren bescherming,

of niemand hem mist.

Maar totdat iemand hem komt halen, mag hij hier best

rondscharrelen.'

'Joepie!' roepen Michael en Killian.

Mama moet lachen.

'Ik begrijp er niks van,' zegt ze.

Jullie hebben draken en babydraken en een Magische Draak.

Jullie ontmoeten een zwarte panter en weet ik wat meer.

En nu zijn jullie helemaal blij met een trage, ouwe schildpad.'

'Yes,' zegt Killian, 'daar zijn we ook blij mee.'

Dan loopt hij weer snel terug naar het bedje van Itshoe.

Hij aait het slapende draakje voorzichtig over zijn kopje.

'Maar met jou ben ik het meest blij, Itshoe.

Slaap maar lekker, kleine draak.

Dan kun je straks weer fijn spelen.

En nieuwe avonturen beleven.

Met ons allemaal.'

www.ingramcontent.com/pod-product-compliance
Lightning Source LLC
Chambersburg PA
CBHW050259090426
42735CB00023B/3488

9 7 8 9 4 9 1 3 3 7 4 7 5